Rudolf Stumberger

München ohne Lederhosen

Rudolf Stumberger

München ohne Lederhosen

Ein kritisch-alternativer Stadtführer

Von November 1918 bis in die 1960er Jahre

Für eine positive
Veränderung
1.2.17
R. Stumberger

Alibri Verlag
Aschaffenburg

2016

Die obere Foto auf der Titelseite zeigt die Frauenkirche, ein Wahrzeichen Münchens. Das untere Foto wurde während einer Protestaktion der Gewerkschaften gegen die Hartz IV-„Reform" der Regierung Gerhard Schröder (SPD) im Oktober 2006 in München aufgenommen.

Alle Fotos im Buch stammen, sofern in der Bildunterschrift nicht anders angegeben, vom Autor.

Alibri Verlag
www.alibri.de
Aschaffenburg
Mitglied in der Assoziation Linker Verlage (aLiVe)

Erste Auflage 2016

Umschlaggestaltung: Claus Sterneck
unter Verwendung von zwei Fotos des Autors
Druck und Verarbeitung: Dardedze Holografija, Riga

ISBN 978-3-86569-198-9

Inhaltsverzeichnis

3. München unter dem Nationalsozialismus

4. Von 1945 bis in die Sechziger Jahre

Prolog

Dies ist ein republikanisches Buch. Es beginnt mit der Ausrufung des Freistaates Bayern durch Kurt Eisner in der Nacht vom 7. auf den 8. November 1918:

> *„Das furchtbare Schicksal, das über das deutsche Volk hereingebrochen, hat zu einer elementaren Bewegung der Münchner Arbeiter und Soldaten geführt. Ein provisorischer Arbeiter-, Soldaten- und Bauernrat hat sich in der Nacht zum 8. November im Landtag konstituiert. Bayern ist fortan ein Freistaat."*

So lautete der Aufruf an die Münchner Bevölkerung. Das haben die konservativen „Eliten" in Bayern und ihr Gefolge Kurt Eisner nie verziehen.

In Ländern wie den USA, Frankreich oder Italien feiert man die Gründung der Republik und/oder die Revolution mit nationalen Gedenktagen. In Bayern ist es am 7. November meist nur kalt.

Einleitung

Es mangelt nicht an Stadtführern und Büchern über München, die gängige Vorstellungen bedienen und sich mittlerweile auch den kleinsten Details der Stadtgeschichte zuwenden, von kulinarischen Spaziergängen bis zu „Geister"-Führungen. Was aber fehlt, ist eine aktuelle Beschreibung der Stadt in kritischer Hinsicht. Kritisch meint dabei abseits von konstruierten Bildern der Tourismusindustrie und abseits einer konservativ bis reaktionären Geschichtsschreibung. Kritisch meint diesseits der Lebenswirklichkeit vieler Menschen in der Stadt jenseits der „Schickeria" und der Reichen. Und meint damit auch eine historische Perspektive von unten. Kurzum, es geht in dieser Geschichte der Stadt im 20. Jahrhundert um ein München ohne Lederhosen, und gemeint ist damit das touristische und gesellschaftlich-konservative Klischee.

Geschichte ist kein fertiger, abgeschlossener Prozess, sondern um die Interpretation der Geschichte wird in sozialen und politischen Auseinandersetzungen immer wieder auf das Neue gerungen. Ob Befreiungsheld oder Terrorist, das ist eine Frage der jeweils herrschenden politischen Meinung. Diese sozialen Auseinandersetzungen manifestieren sich in der Erinnerungskultur, manifestieren sich in Denkmälern. Dieser München-Führer erzählt so auch die Geschichte der Stadt über die Geschichte ihrer Denkmäler und charakteristisch ist dabei der andauernde Denkmals-Streit zwischen dem CSU-regierten Freistaat und seiner SPD-dominierten Landeshauptstadt: Ob Kurt-Eisner-Denkmal oder „Trümmerfrauen"-Gedenkstein, oft stoßen hier verschiedene politische Positionen aufeinander.

So ersetzt *München ohne Lederhosen* auch nicht die gängigen Geschichtsbücher und Geschichtsführer, sondern ergänzt diese um kritische Aspekte des Umgangs mit der Geschichte in der Stadt. Der erste Band widmet sich zum Beispiel dem bislang kaum thematisierten Zeitraum der Nachkriegszeit bis in die 1960er Jahre mit seinen Geheimdienst-Fehden und der Rückkehr alter Nazis auf ihre Posten. Relativ neu ist auch die Beschäftigung mit der Alternativbewegung in München in den 1970er Jahren im zweiten Band (1970er Jahre bis heute), von den ersten WGs über selbstverwaltete Betriebe bis hin zur Roten Armee Fraktion. Das letzte Kapitel des zweiten Bandes widmet sich dann dem Umbau von München hin zur Stadt des 21. Jahrhunderts. Ein Umbau sowohl in architektonischer Hinsicht als auch in sozialer: Weitet sich doch die Schere zwischen Arm und Reich immer mehr.

München ohne Lederhosen ist in zwei Bände aufgeteilt und erzählt die Geschichte der Stadt von der Novemberrevolution 1918 bis heute. Nach dem jeweiligen Hauptteil folgt eine Beschreibung der dazugehörigen Erinnerungsorte. Jedes Kapitel wird mit einem Vorschlag für einen Spaziergang zum Thema abgeschlossen. Die Fußnoten im Text geben den Lesern Tipps zu einer vertiefenden und weiterführenden Lektüre.

1. Kurt Eisner und die Ausrufung der Republik

Die gute, alte Zeit?

Um 1900 war München eine Stadt mit rund 500.000 Einwohnern. Deren Zahl war in den dreißig Jahren zuvor im Zuge der Industrialisierung stetig angewachsen, noch 1871 hatten nur 170.000 Menschen in der Stadt gewohnt. Das Stadtgebiet war überschaubar, gemessen an der heutigen Ausdehnung. Im Norden endete München im 1890 eingemeindeten Schwabing. Jenem Künstlerdorf mit seiner Bohème, den Kunstmalern, Dichtern und Schriftstellern, denen die Stadt ihren Ruf als leuchtendes kulturelles Zentrum des Südens verdankte. Im Westen war das „Westend" als Arbeiterquartier entstanden und dahinter bildete Laim, über die Landsberger Straße mit der Stadt verbunden, die Grenze. Im Süden endete die Bebauung der „Königlichen Haupt- und Residenzstadt" hinter dem heutigen Candidplatz und im Osten hinter Berg am Laim – eine noch durchaus überschaubare Großstadt.

Umgeben war die Stadt von den Schlössern der herrschenden Wittelsbacher Dynastie mit Schloss Schleißheim im Norden und Schloss Nymphenburg im Westen, das Zentrum des bayerischen Königreiches aber lag mit der Königlichen Residenz in der Stadtmitte. Dort regierte seit dem Tode des „Märchenkönigs" Ludwig II. im Jahre 1886 dessen Onkel Prinzregent Luitpold, während der eigentliche Thronfolger Otto von Wittelsbach, der jüngere Bruder Ludwigs II., im Fürstenrieder Schloss südwestlich von München als Geisteskranker unter Aufsicht stand.

Die Regierungszeit des Prinzregenten wird in der Rückschau gerne als die „gute alte Zeit" verklärt, gerne auch in den sogenannten „Bavarica": „Wohin man schaute, herrschte in dieser Zeit eitel Friede und Sonnenschein."[1] Für diese Zeit mögen etwa die *Lausbubengeschichten* von

Ludwig Thoma stehen. Freilich ist dies aber auch der gleiche Autor, der ab 1920 im notorischen *Miesbacher Anzeiger* antisemitische Hetzartikel schrieb. Auch in der „guten, alten Zeit" schien die Sonne nicht für jeden gleich. Unter der „friedlichen und glücklichen Oberfläche" wurden viele Gruppen, darunter die ärmeren Bauern und das neue Industrieproletariat in einem „Zustand sprachloser Entbehrung" gehalten, so der amerikanische Historiker Bradley Smith in seinem Buch über Heinrich Himmler in München.[2] Die „scheinbare Stabilität der konservativen Staaten" wie Russland, Österreich-Ungarn und Bayern sollte durch den Ersten Weltkrieg schwer erschüttert werden und „war eine Illusion", so sein Fazit.

Dieses Bayern war mit der Verfassung von 1818 von einer absolutistischen zu einer konstitutionellen Monarchie geworden – freilich aber noch immer mit Pressezensur und einem Ständeparlament mit zwei Kammern, die eine besetzt von Vertretern der Geistlichkeit und des Adels, die andere nach einem Zensuswahlrecht. Allgemeines Wahlrecht – auch für Frauen –, Gewaltenteilung und Pressefreiheit kannte man hingegen im königlichen Bayern nicht.

Der Mörder und sein Opfer

In diesem Bayern wird am 7. Oktober 1900 Heinrich Himmler geboren, die Familie wohnt in der Hildegardstraße 6 in der Innenstadt von München, unweit der königlichen Maximilianstraße.[3] Das Kind wird am 13. Oktober 1900 in der St. Anna-Kirche getauft, Taufpate ist der Wittelsbacher-Spross Prinz Heinrich von Bayern.

Da ist Walburga Weber, die damals noch ihren Mädchennamen trägt, bereits fast fünf Jahre alt. Geboren am 22. Dezember 1895, wächst sie auf der anderen Seite der Isar auf.

Ob die beiden sich in München jemals begegneten, ist unbekannt. Trotzdem wird zwischen ihnen eine Verbindung bestehen: mit Heinrich Himmler als massenmordendem „Reichsführer SS" und Walburga Weber als einem seiner Opfer. So wie bei den Tausenden ermordeten Juden, Sinti und Roma, politischen Gefangenen und anderen Bürgern aus München auch.

Der Historiker Bradly Smith schildert Himmler als merkwürdigen kleinen Jungen, der „schlecht sah und ständig eine Brille oder einen Zwicker tragen musste".[4] Er wächst behütet als der zweitälteste von drei Brüdern in einer bürgerlichen Familie auf – der Vater ist Gymnasialprofessor –, kränkelt aber oft. Doch nichts weist in dieser Kindheit darauf hin, dass Heinrich Himmler später seinen „Platz im Pantheon des Völkermordes"[5] einnehmen würde. Im September 1910 tritt er als Zehnjähriger in das humanistische Wilhelmsgymnasium im Lehel ein, wo auch sein Vater als Lehrer tätig ist.

Walburga Weber beginnt in diesem Jahr als Fünfzehnjährige ihre Lehre als Lageristin bei einer Münchner Firma. Sie ist in einem Arbeiterhaushalt aufgewachsen. Ihr leiblicher Vater war früh im Alter von 28 Jahren an Lungenschwindsucht gestorben, die Mutter hatte 1899 erneut geheiratet. Der Stiefvater arbeitet als Hobler bei der Münchner Trambahn, die Familie wohnt in der Regerstraße, in einem Arbeiterviertel oberhalb der Au. Nichts deutete darauf hin, dass das Schicksal es nicht gut meinen würde mit Walburga Weber.

Dass alles so kam, hat freilich mit einer dritten Person zu tun. Im Jahre 1913, als Walburga ihre Lehre beendet und die Familie Himmler aus beruflichen Gründen nach Landshut zieht, kommt aus Wien ein junger Kunstmaler nach München. In der Schleißheimer Straße 34 bezieht Adolf Hitler ein Zimmer.

Ausrufung der Republik

1914 zogen auch die königlich-bayerischen Infanteristen für den preußischen Kaiser Wilhelm II. begeistert in den Krieg. Wer überlebte, kehrte 1918 aus den Schützengräben zurück in ein Königreich, dessen Tage längst gezählt waren. Am 7. November rief Kurt Eisner den Freistaat Bayern aus.

Eisner, 1867 als Sohn eines jüdischen Fabrikanten in Berlin geboren, war Journalist, Schriftsteller und Politiker der SPD und später deren linken Abspaltung USPD, die den Krieg verurteilte. Von 1907 bis 1910 arbeitete er als Chefredakteur der sozialdemokratischen *Fränkischen Tagespost*, zog dann nach München und schrieb für die SPD-Zeitung *Münchner Post*. Er pflegte auch den Kontakt zum Münchner Künstler- und Intellektuellenmilieu. Seit 1917 war er Führer der Münchner USPD und organisierte 1918 den Streik der Münchner Munitionsarbeiter. In der reichsweiten Novemberrevolution führte Eisner im Anschluss an eine Massenkundgebung auf der Theresienwiese einen Demonstrationszug in die Innenstadt an und rief auf der ersten Sitzung der Arbeiter- und Soldatenräte in der Gaststätte Mathäser die Republik Bayern aus. Das Königshaus der Wittelsbacher wurde

Kurt Eisner (Mitte) auf dem Weg zum Bayerischen Landtag, Anfang 1919.
(Foto: Stadtarchiv München)

für abgesetzt erklärt. Rund 100 Tage lang hatte Eisner das Amt des (ers-ten) Bayerischen Ministerpräsidenten inne. Er führte den Acht-Stunden-Arbeitstag und das Frauenwahlrecht ein, das wirtschaftliche Privateigen-tum blieb unangetastet. Sein Eingeständnis einer deutschen Kriegsschuld machte ihn freilich im Militär und bei nationalistischen Kreisen zum Feind und Verräter. Bei den ersten Landtagswahlen am 12. Januar 1919 erlebte seine Partei, die USPD, eine vernichtende Wahlniederlage. Am 21. Februar 1919 verlässt Eisner, seine Rücktrittsrede in der Tasche, das Außenminis-terium und macht sich auf den Weg zum Landtag. In der Promenadestraße (heute Kardinal-Faulhaber-Straße) wird er von dem völkisch-nationalisti-schen Leutnant Anton Graf von Arco auf Valley mit zwei Schüssen ermor-det.

Sein Begräbnis am 26. Februar 1919 wird zu einer machtvollen De-monstration der Arbeiterbewegung, an der rund 100.000 Menschen teilneh-men – Kurt Eisner ist zum Märtyrer der Novemberrevolution geworden. An seinem Grab sprechen Minister der Staatsregierung und Reichtagsab-geordnete, anstelle eines Grabsteins wird 1922 ein Denkmal für die Toten der Revolution errichtet.

Für den Historiker Bernhard Grau, der eine Biografie des ersten bayerischen Ministerpräsidenten verfasste, ist Eisner nicht nur die „zentrale Figur bei dem Sturz der Monarchie in Bayern", sondern eine historische Person von überregionaler Bedeutung, die weit außerhalb Bayerns auf Aufmerksamkeit stößt. Vom Charakter her sei Eisner, Journalist und Schriftsteller, von „unangepasster Natur", ein „unabhängiger Geist" gewesen, der „gerne gegen Autoritäten aufbegehrt" habe.

Ein geächteter Ministerpräsident

Vielleicht war dieses Widerständige mit ein Grund, warum im konservativen Bayern die Würdigung des Politikers sich als „Hängepartie" gestaltet, wie der Historiker es ausdrückt. In Bayern bleibt Kurt Eisner, erster Ministerpräsident und Begründer des Freistaates, eine Art politischer Gottseibeiuns, dem man nur widerwillig unter Ächzen und Stöhnen einen Erinnerungsort widmet. „Der Freistaat", so 2007 Siegfried Benker, Fraktionsvorsitzende der Grünen im Münchner Stadtrat, „hat sich nie um die Person Eisners gekümmert. Man leugnet den Zusammenhang mit der Räterepublik."

Die Nationalsozialisten machten 1933 den Anfang der Ächtung und befahlen die Verlegung der Asche des „Juden Eisners" vom Ostfriedhof auf den Neuen Jüdischen Friedhof im Norden der Stadt, wo sie zusammen mit der Urne Gustav Landauers – einem Mitglied der Räterepublik – beigesetzt wurde. Das Grab gibt es heute noch. Das Denkmal für die Toten der Novemberrevolution auf dem Ostfriedhof wurde auf Anordnung des Münchner NS-Oberbürgermeisters zerstört und demontiert.

Die im Nachkriegsbayern jahrzehntelang regierende CSU hat es nie überwunden, dass „ihr" Bayern aus einer proletarischen Revolution heraus entstanden ist. So etwas durfte gar nicht sein und so pflegt die Staatsregierung ihre sehr spezielle Erinnerungskultur an den ersten Ministerpräsidenten des Landes. Wer wissen will, wie in Bayern die Geschichte gewichtet wird, kann dies am Promenadeplatz im Zentrum der weißblauen Landeshauptstadt tun. Dort ragt seit 2005 die überlebensgroße und silbern glänzende Statue des Grafen Maximilian von Montgelas, im 19. Jahrhundert Minister des Königreichs Bayern, in die Höhe. Mit der Ehrung des Grafen durch den Freistaat Bayern habe sich ein „lang gehegtes Anliegen" erfüllt, so der damalige bayerische Finanzminister Kurt Faltlhauser (CSU) anlässlich der

Das Denkmal von Maximilian Joseph Graf von Montgelas, königlicher Finanzminister bis 1817 in Bayern, am Münchner Promenadeplatz. Das über sechs Meter hohe Standbild wiegt 9,5 Tonnen und wurde aus einem massiven Aluminiumblock gefräst. Damit zeigte 2005 die regierende CSU ihre historische Präferenzen an. Nur wenige Schritte hinter den gräflichen Stiefeln wurde 1919 der erste bayerische Ministerpräsident ermordet, was dem Freistaat hinsichtlich Erinnerungskultur ziemlich egal war.

Aufstellung des Denkmals. Mit dem Begründer des Freistaates selbst, dem ersten Ministerpräsidenten Bayerns, hat die Staatsregierung hingegen kein Anliegen der Ehrung, das es zu hegen gäbe. An Kurt Eisner, der nur wenige Schritte vom Standort des protzigen Montgelas-Denkmals ermordet wurde, erinnert lediglich eine Tafel im Boden, über die Viele achtlos hinweggehen. Diese Bodenplatte in der Kardinal-Faulhaber-Straße zeigt die Umrisse eines am Boden liegenden Körpers und wurde 1989 nach einer heftigen und kontroversen öffentlichen Debatte angebracht. Der CSU-Landtagsabgeordnete Richard Hundhammer äußerte damals, Eisner habe mit einem „Haufen Linksradikaler, Kommunisten und Anarchisten" die Macht an sich gerissen, das Attentat auf ihn sei das Signal zur Ausrufung der Räterepublik gewesen. Der Vorsitzende des König-Ludwig-Klubs, Hannes Heindl, sah das geplante Denkmal „als eine Zumutung und Herausforderung für jeden Alt-Bayern" und wollte lieber ein Kardinal-Faulhaber-Denkmal oder ein

König-Ludwig-Denkmal haben. Der CSU-Stadtrat Gerhard Bletschacher kündigte das Veto seiner Fraktion an, da „Politiker, die Gewalt propagiert haben, nicht auch noch durch ein Denkmal verherrlicht werden dürfen".

Eine weitere Gedenkstätte für Kurt Eisner findet sich in dem Neubau, der heute anstelle der einstigen Bierburg Mathäser nahe dem Hauptbahnhof errichtet wurde – sie erinnert an die Ausrufung des Freistaates. Ein würdiges Denkmal ist das freilich auch nicht, sondern eine kleine unscheinbare flache Stele in einer Ecke der dortigen Shopping-Meile, schon mal verdeckt von einer Reklametafel „Zum Biergarten" und in diesem kommerziellen Ambiente völlig fehl am Platze.

Schließlich gibt es noch die Kurt-Eisner-Straße in Neuperlach – eine der monotonen Neubausiedlungen aus den 1970er Jahren. Dort, weit draußen, sind die in manchen Kreisen in Bayern als politisch verdächtig Geltenden angesiedelt, der Schriftsteller Oskar Maria Graf etwa, oder gar Karl Marx und Friedrich Engels. Im Stadtzentrum selbst, direkt vor der Bayerischen Staatskanzlei, findet sich hingegen der historische Bezugspunkt der Bayerischen Staatsregierung: der Franz-Josef-Strauß-Ring. Strauß, Nachfolger Kurt Eisners als Ministerpräsidenten von 1978 bis 1988, ist auch der Münchner Großflughafen gewidmet – seine Person stellt sozusagen das historische Gravitationszentrum der seit Jahrzehnten regierenden CSU dar.

2007 fand Grünen-Stadtrat Benker, dass die Bodenskulptur am Ort der Ermordung „beschämend und dem Wirken Kurt Eisners nicht angemessen" sei. In einem Antrag an den Münchner Stadtrat forderte er, dass bis zum 90. Jahrestag der Ermordung Eisners am 21. Februar 2009 ein „würdiges Denkmal" errichtet werde. Ähnlich der Antrag von Mitgliedern der SPD-Stadtratsfraktion: Während in München zahlreichen Königen gedacht werde, fehle es an einem Denkmal an einem prominenten Platz für den „Demokraten Eisner". Wo die bayerische Staatsregierung die Erinnerung an den Freistaat-Gründer nicht hegen und pflegen wollte, sprang nun der Münchner Stadtrat ein.

Inzwischen hat München ein Kurt-Eisner-Denkmal bekommen, wenn auch etwas später. Während der Name des Begründers der bayerischen Republik an handfeste Materialien – Eisner – erinnert, stellt dieses 2011 eingeweihte Denkmal ganz das Gegenteil dar: Eine durchsichtige Skulptur aus Glas, darauf in weißen Lettern der Schriftzug: „Jedes Menschen Leben soll heilig sein." Daneben klein der Name des ersten bayerischen Ministerpräsidenten und Revolutionärs, dessen Andenken so lange vernachlässigt wurde. Ein aufgemaltes Einschussloch an der Glasskulptur erinnert an seine Ermordung. Das Denkmal am Münchner Oberanger liegt

Eisner-Bild für bayerische Staatsregierung

Kunstaktion 2009 zur Erinnerung an das Attentat

Februar 2009 – Mit einer Kranzniederlegung am Ort des Attentats und einer Bildübergabe an die Bayerische Staatskanzlei erinnerten der Verein Das andere Bayern *und die Kurt-Eisner-Kulturstiftung an den vor 90 Jahren ermordeten Kurt Eisner. Der Anführer der Novemberrevolution 1918 in München und der erste bayerische Ministerpräsident war am 21. Februar 1919 auf dem Weg zum Landtag vormittags um 11 Uhr von einem Adligen erschossen worden. Da die bayerische CSU-Regierung bis heute enormen Abstand zu dem ersten Vorgänger des ehemaligen Ministerpräsidenten Franz Josef Strauß hält, hatten die Initiatoren der Gedenkveranstaltung als Kunstaktion auch die Übergabe eines Kurt-Eisner-Bildes an die Bayerische Staatskanzlei geplant, da dieser in der Riege der dort aufgehängten Ministerpräsidenten-Bilder fehle. Der Spaziergang von der Stelle des Attentats in der heutigen Kardinal-Faulhaber-Straße bis zur Staatskanzlei stieß dabei auf anwachsende Würdigung seitens der bayerischen Staatsmacht: Begleiteten am Anfang noch lediglich zwei Polizeiwagen den Spaziergang, so waren es am Odeonsplatz vor der Feldherrenhalle bereits vier Polizeiwagen und zwei berittene Polizisten, während zwölf Beamte eifrig die Namen der Teilnehmer an der Kunstauktion erfragten. In der Staatskanzlei schließlich übergab Wolfram Kastner, Vorsitzender der Kurt-Eisner-Stiftung, das Eisner-Porträt an einen diensthabenden Beamten und erbat einen würdigen Platz für das Bild des ersten Ministerpräsidenten. Die Bayerische Staatsregierung erklärte später, man präsentiere in der Staatskanzlei nur die Bildnisse der Ministerpräsidenten nach 1945.*

nur wenige Meter von der bayerischen SPD-Zentrale entfernt. Der Entwurf der Münchner Künstlerin Rotraut Fischer ging 2009 als Sieger aus einem Wettbewerb hervor. Das Denkmal soll nachts von innen heraus erleuchtet sein und das Zitat so besonders deutlich hervortreten. Während sich der silbermetallige Graf Montgelas also mächtig in die Höhe hebt, hat Kurt Eisner nun ein durchsichtiges, eher unscheinbares Denkmal. Richtig greifbar wird er damit in der bayerischen Landeshauptstadt noch immer nicht – war die Novemberrevolution vielleicht nur ein seltsamer Traum? So hätten es manche jedenfalls gerne.

Zur Erinnerung an den vor 90 Jahren getöteten Kurt Eisner, den ersten Minis-
terpräsidenten von Bayern, übergibt Wolfram Kastner, Vorsitzender der Kurt-Eis-
ner-Stiftung, als Kunstaktion 2009 ein Porträt des Ermordeten an die bayerische
Staatskanzlei in München.

Die Missachtung Kurt Eisners durch den politischen Konservatismus
in Bayern setzt sich auch in jener schwer erträglichen „Bavarica"-Ge-
schichtsschreibung fort, in der die ausgefransten Märchen vom weißblau-
en Königtum und den krachledernen Bayern immer wieder aufs Neue zu
einem reaktionären Klischeeteppich zusammengeflickt werden. Dort sind
dann über die Ausrufung des Freistaates Sätze zu lesen wie: „Zunächst begann es wüst und schrecklich, denn einige Leute, die wie Eisner, Mühsam
und Landauer von der Revolution nach oben gespült worden waren ...".[6]
Wüst und schrecklich war nicht die kurze Regierungszeit Eisners, sondern
die vorangegangenen vier Kriegsjahre, in denen die bayerischen Soldaten
in den Schützengräben für ihren König und Kaiser elend krepierten, bis
sie im November die Monarchie davonjagten. Und schrecklich war vor
allem der Terror der Weißen Truppen bei und nach der Niederschlagung
der Räterepublik.

Zwei Stiftungen, zwei Welten

Um das Andenken an Kurt Eisner zu fördern hat sich 1989 in München eine Kurt-Eisner-Kulturstiftung gegründet, die regelmäßig einen Kunstpreis vergibt.[7] Seit 2011 existiert auch eine Montgelas-Stiftung, gestiftet von Rudolf Konrad Graf von Montgelas, Freiherr von der Heydte.[8] So wie das massive Montgelas-Denkmal aus Aluminium und das gläsern-flüchtige Eisner-Denkmal die bisherigen Prioritäten und Wertungen weißblauer Erinnerungspolitik demonstrieren, spiegeln sich auch in den beiden Stiftungen das weltliche Gewicht unterschiedlicher gesellschaftlicher Gruppen und damit zwei verschiedene Welten wider. In die Montgelas-Stiftung wurde nicht nur das Schloss und der Schlosspark der „lieblich in das Hügelland zwischen Vilsbiburg und Mühldorf eingebetteten Ortschaft Egglkofen" eingebracht, wie die *Süddeutsche Zeitung* schrieb,[9] sondern auch „sämtliche Ländereien und Immobilien", die der Graf von seinem Adoptivvater geerbt hatte.

Die Kurt-Eisner-Stiftung beruht hingegen auf Kunst: Zwanzig Grafiken von in München wirkenden Künstlern, darunter auch Herbert Achternbusch. Auf der 50 mal 70 Zentimeter großen Mappe prangt ein Zitat Eisners: „Die Freiheit erhebt ihr Haupt." 50 Mal wurde diese Mappe 1988 gedruckt und zu je 3000 Mark verkauft, so kam das Stiftungsvermögen zusammen.

Die Räterepublik 1919

Die Räterepublik in Bayern von 1919 mit ihrem kommunistischen Zwischenspiel bildet im Rückblick eine ebenso kurze wie radikale linke Episode in einer ansonsten dahinfließenden weißblauen Erzählung von absolutistisch/konstitutioneller Monarchie, rechtskonservativer Republik, nationalsozialistischer Herrschaft und langjähriger CSU-Regierung. Sie stellt in der bayerischen Geschichte ein kurzes Aufflackern emanzipatorischer Versuche dar, den historischen Auftrag der sozialen Frage – die Verbesserung der Lebensbedingungen der Arbeiterschaft – einzulösen. Ihr Scheitern öffnete in Bayern die Schleusen für die braune Bewegung, deren Hauptstadt München schließlich wurde.

Für diese Räterepublik mit ihren Künstlern, Schriftstellern und Journalisten als Protagonisten, mit ihrem Aufbegehren von Arbeitern, Soldaten
und Gesinde, war es wohl eine zu große historische Herausforderung, den
gesellschaftlichen Block aus katholischem Bürgertum, ländlich-bäuerli-
chem Konservatismus, völkischem Nationalismus und rückwärtsgewand-
tem Monarchismus zu überwinden. Das Blutbad, das die Weißen Truppen
nach Einnahme des Roten Münchens unter den Arbeitern anrichteten, zeigte ähnlich wie bei der Pariser Kommune die Absicht, ein Exempel zu sta-
tuieren und den Plebejern den Aufstand für immer auszutreiben. So bleibt
die kurzlebige Räterepublik in Bayern für die herrschenden konservativen
Eliten quasi eine Art historischer Unfall, ein Kuriosum, ein Spuk, ein seltsamer Ausrutscher der Geschichte, die ansonsten den gewohnten Gang
ging: Wer hat, dem wird gegeben und recht ist, was rechts ist.

Für die Linke bleibt die Räterepublik ein Beispiel dafür, wie sich die
politische Führung der Arbeiterschaft in rechte und linke Sozialdemokraten, Anarchisten und Kommunisten aufspaltete und gegenseitig bekämpfte.
Dieses Elend der Linken wird sich wie ein roter Faden durch das 20. Jahrhundert ziehen.

Die Münchner Räterepublik währte nur kurz, vom 7. April 1919 bis
zum 2./3. Mai, als die Truppen der Freikorps die Stadt einnahmen. Doch
in historischen Zeiten geschehen epochale Umbrüche wie im Zeitraffer.
Nach dem Tode Eisners hatte sich die Auseinandersetzung zwischen den
Befürwortern des Rätesystems (Zentralrat und Revolutionärer Arbeiterrat,
USPD) und des Parlamentarismus (SPD) verschärft. Am 17. März war
Johannes Hoffmann (SPD) im Landtag zum Ministerpräsidenten gewählt
worden, nach Ausrufung der Räterepublik am 7. April weicht die Regierung nach Bamberg aus. Am 13. April wird ein Putschversuch der Militärs
in München durch Rotgardisten niedergeschlagen, von nun an wird die Räterepublik von Mitgliedern der KPD dominiert. Am Tag darauf kündigt
die Regierung Hoffmann den Einsatz von Freikorps gegen die Rote Republik an, am 16. April werden die Freikorps-Truppen bei Dachau von den
Rotgardisten zurückgeschlagen. Am 17. April schickt Reichswehrminister
Gustav Noske (SPD) von Berlin aus Reichswehrverbände gegen München.
Am 30. April wird in den Vororten Münchens gekämpft, die Weißgardisten
richten ein Blutbad unter vermeintlichen Unterstützern der Räterepublik
an, Rotgardisten erschießen daraufhin in München zehn gefangengehalte-
ne Geiseln, vor allem Mitglieder der rechtsextremistischen Thule-Gesellschaft. Am 1. Mai erreichen Regierungstruppen und Freikorps München,
die Kämpfe in den Arbeitervierteln dauern noch bis zum 2. und 3. Mai an.

Die Akteure der Räterepublik

Die Akteure der Münchner Räterepublik verkörperten in Gesinnung und Lebensstil den Gegenentwurf zum bürgerlichen Konservatismus, sei es als anarchistische Intellektuelle oder proletarische Spartakisten. Während Literaten wie Erich Mühsam, Ernst Toller, Gustav Landauer und Kurt Eisner sich auch im Umfeld libertinärer Ideen der Bohème bewegten, entstammten KPD-Aktivisten wie Rudolf Egelhofer dem Münchner Arbeitermilieu.

Nach der Niederschlagung der Räterepublik sollten Zerrbilder dieser Akteure zu einer Folie zusammengeschweißt werden, die bis in die 1980er Jahre hinein in Bayern das Feindbild aller konservativen Lodenmantelträger wurde: bis 1945 der bolschewistische, frauenvergewaltigende Jude; bis in die 1960er Jahre der Kommunist, danach der langhaarige linke Intellektuelle.

Einen wesentlichen Teil dazu beigetragen hat 1919 die rechtssozialdemokratische Rumpfregierung in Bamberg mit einer massiven Hetz- und Verleumdungskampagne gegenüber der Räterepublik. Sie lief über Zeitungsartikel, Werbeplakate für Freikorps und vor allem mittels Flugzeug über München abgeworfener Flugblätter. Die Hoffmann-Regierung stand in Bayern ohne eigene Machtmittel da, um den Einsatz von Reichstruppen und die Zerschlagung der Räte, die ja zu Beginn von der Bevölkerung durchaus wohlwollend aufgenommen wurden, zu legitimieren, bedurfte es eines unerbittlichen Propagandakampfes, zu dem in Bamberg ein eigenes Ministerium geschaffen wurde.

Die so anlaufende Hetzkampagne stand ganz in der Tradition der Kriegspropaganda im gerade zu Ende gegangenen Weltkrieg und stellte den Vorläufer jener Parolen dar, die den „jüdischen Untermenschen" zur Vernichtung preisgab. Da „für den Erfolg der Kampagne ... die Stigmatisierung der linksextremen Kräfte allein über deren Ideologie nicht auszureichen"[10] schien, griff man in Bamberg auf das Zerrbild von jüdischen, bolschewistischen, ausländischen Vergewaltigern zurück, die Frauen zum Allgemeingut erklärten und sich bei Sekt nächtlichen Orgien hingaben. Nicht nur würde die bayerische Rote Armee Zivilisten grausam massakrieren und willkürlich standrechtlich erschießen, sondern nach dem Machtantritt der „jüdischen Bolschewisten" sei auch keine bayerische Frau mehr sicher.

Die Flugblätter verkündeten „Plünderung und Vergewaltigung sind in der ‚Räterepublik München' an der Tagesordnung. Mit diesen Mitteln arbeiten die in Bayern meist land- und wesensfremden Literaten und politischen Hochstapler"[11] (April 1919). Kein Mittel ist zu schade, um die Zahl der Freiwilligen in den Freikorps zu erhöhen: „In Irrsinn und Niedertracht haben die Kommunisten fast in ganz Südbayern die Macht an sich gerissen und den Bruderkrieg heraufbeschworen. Nichts ist mehr heilig, nicht einmal mehr die deutsche Frau. Darum auf, greift alle zu den Waffen, um den tierischen Fanatismus dieser Bestien niederzukämpfen" (April 1919).[12] Die bayerische sozialdemokratische Presse (*Der Freistaat*) schreibt über die „teuflischen Pläne" einer „handvoll jüdischer Revolutionswanzen" und „galizischer Juden".[13]

Für den Historiker Christian Twardowski bleibt bei dieser bewussten Verwendung antisemitischer Elemente in einer breit gestreuten Propaganda vor dem Hintergrund des späteren Holocaust nicht nur ein „äußerst bitterer Nachgeschmack"[14], er sieht in dieser sexuell stigmatisierenden Kampagne auch die Übertragung nationaler Kriegsschuld auf die extreme Linke und somit als eine Entlastungsfunktion für Nationalisten: Was dem deutschen Heer an Vergewaltigungen und sonstigen Kriegsverbrechen etwa in Belgien angelastet wurde, wurde nun auf die Räterepublik projiziert.

Der Propaganda-Krieg wird auch in dem Aufruf der Hoffmann-Regierung zur Bildung von Kampfgruppen am 16. April 1919 deutlich: „Bayern! Landsleute! In München rast der russische Terror, entfesselt von landfremden Elementen. Diese Schmach Bayerns darf keinen Tag, keine Stunde weiter bestehen ... Ihr Männer der bayrischen Berge, des bayerischen Hochlandes, des bayerischen Waldes, erhebt euch wie ein Mann, sammelt euch womöglich mit Waffen und Ausrüstungen in euren Gemeinden ..."[15] Auch die katholische Kirche stimmt ein: „Ein Haufen von Ausländern hat sich der Hauptstadt München bemächtigt, übt daselbst eine Schreckensherrschaft aus", so am 19. April 1919 das Amtsblatt der Erzdiözese Bamberg.

Daraufhin bilden sich mehrere Freikorps, darunter das Freikorps Oberland, das am 16. April von Rudolf von Sebottendorf, einer schillernden Figur, gegründet wurde. Sebottendorf führt auch den extrem deutschvölkisch-antisemitischen Kampfbund *Thule*, der in München Spionage gegen die Räteregierung betreibt. Da der Aufruf der Regierung Hoffmann zur Bildung von Freikorps bei den Arbeitern und dem städtischen Bürgertum auf keine große Resonanz, sondern Zurückhaltung und offene Ablehnung stößt, richtet er sich vor allem an ehemalige Frontoffiziere und Studenten. So erlässt das bayerische Kultusministerium am 19. April 1919 eine gesetzliche Verfügung, wonach die Zugehörigkeit zu Freikorpsverbänden ausdrücklich auf die Studienzeit angerechnet werden kann.[16] Das Freikorps

Oberland setzt sich dann auch aus Offizieren, Studenten sowie Handwerkern aus kleinen Betrieben und Bauern zusammen.

Wie wirksam die Propaganda und Hetz-Kampagne der Regierung Hoffmann letztlich ist, zeigt sich an den Massakern und Morden beim Einmarsch der aufgeputschten Weißen Truppen in München – gegenüber der „roten Bestie" wird kein Pardon gegeben.

Die Kämpfe um die (Innen)Stadt gehen vor allem am 1. und 2. Mai vor sich, zuvor war am 30. April die Erschießung von zehn Geiseln, darunter Mitglieder der Thule-Gesellschaft, durch die Rote Armee im Luitpold-Gymnasium bekannt geworden, was die Betriebs- und Soldatenräte allerdings sofort als „unmenschliche Taten" verurteilten. Es fehlt nicht an Berichten über angebliche grässliche Verstümmelung und Schändung der Leichen, die sich später nicht bestätigen lassen.

In diesen Mai-Tagen errichten die Reichstruppen und Freikorps jenes blutige Regime, das die Rechts-Propaganda zuvor der Räterepublik angedichtet hatte.

Vom Westen rücken württembergische Truppen heran, am 1. Mai 1919 besetzt die zur Gruppe Haas zählende Sicherheitsabteilung Graeter in einer Stärke von fast 900 Mann ohne Kampf das Dorf Gräfelfing. In Graeters Einheit befindet sich ein Freikorps, bestehend aus rechtsradikalen Tübinger Studenten. Ein Teil der Truppe stößt bis Pasing vor und trifft dort auf 53 unbewaffnete russische Kriegsgefangene. Sie werden nach einem windigen Standgerichtsverfahren in einer Kiesgrube bei Gräfelfing erschossen.[17] Ein diesbezügliches Verfahren der Staatsanwaltschaft München wird 1920 eingestellt.

Im Hofbräukeller am Wiener Platz ermorden Weiße Garden des Freikorps Lützow am 4. und 5. Mai zwölf Arbeiter aus Perlach, deren Namen der Ortspfarrer nannte. Die Arbeiter waren weder Mitglieder der Roten Armee noch hatten sie Widerstand geleistet. Konrad Zeller zum Beispiel, 19 Jahre, wird mit seinem Vater nachts in der Wohnung verhaftet, mit dem Auto nach München gebracht, tagsüber aber wieder freigelassen: „Gleich nach unserer Ankunft im Hofbräukeller mußten wir in Reihe antreten. Jemand, wer weiß ich nicht, gab den Befehl: 'Josef Ludwig raus.' Ludwig wurde dann von 2 Soldaten hinter das Auto geführt. Gleich darauf krachte es 2 oder 3 mal. Ich glaube, daß Ludwig sofort erschossen worden ist."[18] Sein Vater Konrad wird am nächsten Tag zusammen mit den anderen getötet. Sechseinhalb Jahre nach der Tat werden im Januar 1926 die wegen Mordes angeklagten Mitglieder des Freikorps in München freigesprochen,

„Erschießungen von Aufständischen" gehöre eben zu den Dienstaufgaben der Truppe, so das Urteil.[19]

Das Denunziantentum blüht: In einer Gaststätte in der Münchner Augustenstraße beraten Mitglieder des katholischen Gesellenvereins St. Joseph über eine Theateraufführung. Denunzianten halten dies irrtümlich für eine bolschewistische Verschwörung, die Gesellen werden verhaftet und misshandelt. Am 6. Mai 1919 werden sieben der Kolpinggesellen im Hofe des Prinz-Georg-Palais, Karolinenplatz Nr. 5, von Angehörigen des Freikorps Bayreuth erschossen. Weitere 14 werden im Keller von den Soldaten grausam erschlagen, erschossen und erstochen. Fünf Gefangene überleben schwer verletzt unter den Leichen, im Oktober 1919 kommt es zum Prozess. Angesichts der drückenden Beweislage müssen die Richter einen Schuldigen finden: drei Soldaten des Freikorps werden verurteilt, die Offiziere bleiben unbehelligt.[20]

Daneben werden Hunderte Arbeiter von den Weißen Truppen auf der Straße oder in ihren Wohnungen ermordet: Michael Bischl, Arbeiter, 18 Jahre, am 2. Mai in der Ruprechtstraße; Josef Graf, Schlosser, 18 Jahre, am 4. Mai in der Warngauerstraße, Ruppert Kieninger, Monteur, 30 Jahre, am 3. Mai im Schlachthof; Georg Mages, Bauarbeiter, 17 Jahre, am 3. Mai in der Pettenkoferstraße; Georg Rabl, Eisendreher, am 3. Mai in der Pfarrhofstraße; Josef Rieger, Maurer, 34 Jahre, am 2. Mai in Stadelheim; Johann Schwarz, Mechaniker, 21 Jahre, am 4. Mai in Stadelheim; Friedrich Thuringer, Schmid, 18 Jahre, am 3. Mai in der Zugspitzstraße... und so fort. Der Vorgang, schreibt 1922 der Statistikprofessor und Publizist Emil Julius Gumbel, war „eintönig immer derselbe: Denunziation, Verhaftung, Erschießung an der nächsten Mauer, Plünderung der Leiche. Der Täter bleibt straflos."[21]

Ermordet werden nach ihrer Verhaftung auch Gustav Landauer, Volksbeauftragter für Kultur und Erziehung, und Rudolf Egelhofer, Kommandant der Roten Armee. Landauer wird am 2. Mai im Gefängnis Stadelheim zu Tode geschlagen und geschossen, Egelhofer am 3. Mai nahe der Residenz ermordet. Jahrzehnte später werden in der DDR ein Kriegsschiff und eine Ober-Schule in Rostock nach ihm benannt werden. In München, wen wundert's, erinnert nichts an Egelhofer. Er wurde am 8. Mai 1919 von seiner Familie auf dem Nordfriedhof begraben. Sein Grab liegt im nördlichen Teil des Friedhofes, in der Sektion 105, Reihe 5, Grabnr. 6. Im Februar 2016 war die Grabstelle aufgelassen und stand zur Vermietung.

Die Zahl der Todesopfer bei der „Befreiung" Bayerns durch die Weißen Truppen ist unklar, sie reicht von den offiziellen Angaben von 557

Personen, darunter vielen Zivilisten, bis zu Schätzungen von 1000 Opfern.
Bis Februar 1920 werden rund 5200 Strafprozesse gegen Räterepublikaner
eröffnet, wobei neben langjährigen Haftstrafen zehn Todesurteile verhängt
und vollstreckt werden.[22]

Das Standrecht in München wird am 1. August 1919 aufgehoben, das
Kriegsrecht in Bayern am 1. Dezember, der Ausnahmezustand aber bleibt
bis September 1922 bestehen. Die SPD-Regierung unter Hoffmann – dem
„bayerischen Noske"[23] – kehrt erst im August nach München zurück, bis
dahin herrscht dort quasi eine Militärdiktatur. Ernst Pöhner, ein überzeugter
Monarchist, Antimarxist und Antiparlamentarier,[24] wird Polizeipräsident
und säubert den Apparat der staatlichen Exekutive nach seinen politischen
Ansichten. Bis zu seinem Ausscheiden im Herbst 1921 wird das Münchner
Polizeipräsidium an der Ettstraße aktiv an Passfälschungen für politische
Attentäter der Rechten, bei Fememorden und bei Begünstigung der jungen
nationalsozialistischen Bewegung beteiligt sein.

Der blutige Sieg über die Räterepublik war für die Sieger teuer erkauft.
Die SPD verliert bei den Kommunalwahlen im Juni 1919 viele ihrer Wähler. So erhält sie in der „roten Hochburg" Giesing nur noch dürftige 18
Prozent der Stimmen, bei der Landtagswahl ein halbes Jahr zuvor waren es
fast 60 Prozent gewesen. Jetzt machen die Arbeiter mit 45,4 Prozent hier
die USPD zur dominierenden Partei.[25]

Schließlich tritt nach dem Kapp-Putsch im März 1920 die Regierung
Hoffmann zurück. Bei der Landtagswahl vom Juni 1920 rutscht die SPD
bayernweit auf 16,4 Prozent der Stimmen ab (1919: 33 Prozent). Von da an
spielen die Sozialdemokraten im Bayern der Weimarer Zeit nur noch eine
Rolle in der Opposition. Der Freistaat wird zum Aufmarschgebiet der Völkischen und Deutschnationalen, zur „Ordnungszelle Bayern"; München
wird zur „Hauptstadt der Bewegung", der Brutstätte des Nationalsozialismus.

Man kann es drehen und wenden wie man will, während Kurt Eisner
in einer unblutigen Revolution den Freistaat Bayern ausrief, gründet sich
das Bayern der Hoffmann-Regierung auf der blutigen Gewalt reaktionä-
rer Kräfte. Knapp 14 Jahre später wird dieses parlamentarische Bayern in
der Gewalt der Nationalsozialisten untergehen. Man kann also mit dem
Historiker Hans-Ulrich Wehler auch für Bayern die Frage stellen, ob nicht
„schon in das Fundament des neuen Staates die Keime seines Verfalls ein-
gesenkt worden seien"?[26]

Oder auch: Wie legitim war die Räterepublik? Diese Frage ähnelt freilich jener, ob Revolutionen eigentlich erlaubt oder verboten sind. Verbo-

ten war sicherlich der Sturm auf die Bastille am 14. Juli 1789, was die
Franzosen nicht hindert, diesen Tag als Nationalfeiertag zu begehen. Der
wegen Hochverrats angeklagte Armenarzt und in der Rätezeit kurzzeitige
Volksbeauftragte für das Gesundheitswesen, Rudolf Schollenbruch, macht
diesen Zusammenhang deutlich, wenn er fragt, ob nicht auch Johann Hoffmann, Ex-Mitglied der Regierung Eisner, vor einem bayerisch-königlichen
Staatsanwalt des Hochverrats wegen gewaltsamer Änderung der Verfassung des Königreichs Bayern angeklagt worden wäre.[27] In Hinblick auf
das Aufkommen des Nationalsozialismus war München in den Tagen der
Räterepublik ein Ort der Weltgeschichte. Für den Historiker Wehler ver-
sagte die kaiserlich-königliche Sozialdemokratie an der historischen Aufgabe der fundamentalen Reform der Gesellschaft, die mit den weithin „ein-
gebildeten Gefahren" von links ihren Entscheidungsspielraum vorschnell
einengte. Und, so Wehler, müsse man nicht den Preis, den ein Neubeginn
im Revolutionsjahr gekostet hätte – wie die Ausschaltung der alten Macht-
eliten –, „abwägen gegen die Opfer und Schrecken seit 1933?"[28]

Es verwundert nicht, dass nach der rechten Propagandakampagne
während der Kämpfe auch später die Geschichtsschreibung zur Räte-
publik ihren rechten Platz einnahm. „Selten hat eine historische Episode
in Deutschland in der ‚Nach-Richtung' ähnlich viele Gehässigkeiten und
Beschimpfungen mobilisiert wie die Münchner Räterepublik", schreibt
Hansjörg Viesel in seinem Buch *Literaten an der Wand*.[29] In dieser Geschichtsschreibung ist die Rede vom „Blutigen Fiasko der Räterepublik",
von „Münchens dunklen Tagen", von „Bayerns schwersten Tagen" oder
von der „Spitzbubenkomödie".[30] Auch (oder gerade?) kommunistische
Erinnerungen sind eher gnadenlos: Erich Mühsam sei ein „Epigone jener
Kaffeehausdichter ... die in einer Atmosphäre von Hunger, Alkohol, Per-
versität und Größenwahn manch kecken lyrischen Triller und gegen die
Gesellschaft manch freches Spottlied ertönen ließen", Ernst Toller „einer
von jenen Naturen, die sich von den Wogen ihrer eigenen Begeisterung tragen lassen, ohne zu wissen, wohin der Kurs geht", schreibt Paul Fröhlich,
KPD-Mitglied und späterer Reichstagsabgeordneter, unter dem Pseudo-
nym Paul Werner in seinem Bericht *Die Bayerische Räte-Republik. Tatsachen und Kritik* von 1920.[31]

Demgegenüber fordert Viesel, in dem Wirken der Intellektuellen und
Schriftsteller auch den Konflikt zwischen Ruhe und Ordnung, Politik und
Macht auf der einen Seite und schöpferischer Unruhe, Autonomie, Selbst-
organisation und Spontaneität auf der anderen Seite zu sehen. Zu diesem
Kampf zwischen Ordnung und Freiheit, bei dem bisher stets die Ordnung

triumphiert habe, gebe es – bis in die parteikommunistische Arbeiter-
bewegungs-Hagiographie hinein – keine veritable Geschichtsschreibung,
die unter diesem methodischen Gegensatz versuche, Geschichte als tat-
sächliches Geschehen zu beschreiben. Dann aber wäre es möglich, in Landauer, Mühsam, Toller etc. „keine wirren Phantasten und in ihrem Werk
keinen blutigen Revolutionskarneval Schwabinger Bohemiens zu sehen,
der dann – von den sich selbstlos opfernden Kommunisten ins rechte Lot
gerückt – gegen die weiße Konterrevolution verteidigt wurde. Vielmehr erlaubt dieser Ansatz dem Neuen, das sich gegenüber dem Alten und Erstarr-
ten durchzusetzen versuchte, gerecht zu werden, ohne in die gewohnten
und bekannten Formulierungen zu verfallen.“[32]

Das Denkmal für die ermordeten russischen Kriegsgefangenen in Gräfelfing.

Orte des Erinnerns, Topografie der Taten

Es wundert wenig, dass, wenn in Bayern kaum des ersten Ministerpräsidenten Eisner mit einem einigermaßen würdigen Denkmal gedacht wird, die Räterepublik und die Mordtaten der Weißen Truppen jahrzehntelang einen schwarzbraunen Fleck in der offiziellen bayerischen Gedächtniskultur darstellen. Geschichte ist ja nicht bloße Vergangenheit, sondern Interpretations-Arena der aktuellen sozialen und politischen Kämpfe und Gedenkstätten sind ein Widerhall dieser gesellschaftlichen Auseinandersetzungen.

Dass die Nationalsozialisten nach der Machtergreifung 1933 die vorhandenen Denkmäler für die Toten der Revolution zerstören und ihrerseits den Freikorps und ihren Mordtaten als Fleisch vom eigenen Fleische huldigen, macht noch einmal deutlich, in welche Richtung diese „Befreiung" Bayerns ging.

Es dauert nahezu sieben Jahrzehnte, bis in München – oft von lokalen Initiativen ausgehend – Kurt Eisner und die Räterepublik über Gedenkorte dem Vergessen entrissen werden. Folgend eine Chronologie und Topografie dieser Orte.

1920 – Im Hof des Luitpold-Gymnasiums (Müllerstraße 5) wird eine Gedenktafel enthüllt, die an die hier durch die Rote Armee Erschossenen erinnert. 1944 werden das Schulgebäude und die Tafel durch Bombenangriffe zerstört.

1921/1945 – Für die 53 in Gräfelfing erschossenen russischen Kriegsgefangenen befindet sich ein Grabmal auf dem Gräfelfinger Friedhof, Großhaderner Straße 2, 82166 Gräfelfing (es liegt an der Friedhofsmauer rechter Hand des Friedhofsgebäudes). Ursprünglich wurde es 1921 von der Münchner Bäckerinnung errichtet, in der Nazizeit aber zerstört. Ein möglicher Grund für des Engagement der Bäcker könnte sein, dass die Kiesgrube, wo die Exekution stattfand, der Bäckerinnung gehörte. 1945 wurde die Grabstätte auf Antrag des Gemeinderats Fritz Ritter (KPD) von der Gemeinde Gräfelfing erneuert. Die Inschrift der Gedenktafel: „Fern der Heimat fanden hier ihr Grab dreiundfünfzig russische Kriegsgefangene, zum zweiten Mal gefangengenommen im Kampfe gegen die Regierungstruppen und standrechtlich erschossen in der großen Sandgrube nahe bei diesem Friedhof. Geschehen am 2. Mai im Jahre 1919."

Gedenkstein für die Toten der Revolution 1919 am Münchner Ostfriedhof.

1922/1933 – Am 1. Mai 1922 enthüllten die Münchner Freien Gewerkschaften am Ostfriedhof ein Denkmal für die „Toten der Revolution". Die
Urne mit der Asche Kurt Eisners wurde im Sockel eingemauert. Im Juni
1933 zerstörten die Nationalsozialisten das Denkmal. Die Urne Eisners
wurde zusammen mit den Gebeinen des in Stadelheim ermordeten Gustav
Landauer in einem Gemeinschaftsgrab auf dem neuen israelitischen Friedhof in der Garchinger Straße 37 im Münchner Norden beigesetzt (es befindet sich im hinteren Teil des Friedhofs gegenüber der Friedhofsmauer,
rechts vom Ende der Hauptachse nach Westen). Nach dem Krieg gestaltete
der Giesinger Bildhauer Konstantin Frick das Revolutions-Denkmal nach,
es befindet sich heute im Ostfriedhof zwischen den Sektionen 52 und 68
(von der Aussegnungshalle am St. Martins-Platz einfach der Hauptachse
nach Norden folgend).

1934/1936 – Nach der Machtergreifung der Nationalsozialisten beschloss
der Stadtrat im Oktober 1934 eine Straße in Neuhausen nach General Ernst
von Oven, Befehlshaber der Weißen Truppen, zu benennen. Die Straße
(zwischen Volkart- und Maximilian-Wetzger-Straße) wurde später über-

Einweihung des Freikorpsdenkmals am 3. Mai 1942. (Foto: Stadtarchiv München)

Kein Denkmal mehr: Hier am Giesinger Berg errichteten 1942 die Nationalsozialisten ihr Freikorps-Denkmal für die Niederschlagung der Räterepublik. Es wurde nach dem Krieg 1948 abgebaut. Heute hat der Platz zwischen der Icho- und Silberhornstraße neben der Heilig-Kreuz-Kirche eine neutrale Gestaltung.

baut. Im August 1936 entschied NS-Oberbürgermeister Karl Fiehler, vier
Straßen in Kirchtrudering nach Toten des Luitpold-Gymnasiums zu benennen: Deikestraße, Linnenbrüggerstraße, Teuchertstraße sowie die Hella-
von-Westarp-Straße.

1942/1945 – Die Nationalsozialisten errichten 1942 an der Mauer unter-
halb der Ichoschule in Giesing ein Denkmal für die Freikorps. Es zeigt
einen zehn Meter großen nackten Hünen, der mit seinen Händen eine
Schlange erwürgt. Die NSDAP unterstrich so ihren Sieg über das „rote
Giesing" und wollte damit die „Schmach" von 1919 tilgen, als die bewaffneten Arbeiter den Vormarsch der Weißen Truppen am Giesinger Berg
stoppten. Das Nazi-Denkmal wurde nach 1945 auf Anordnung der amerikanischen Militärregierung abgerissen, heute findet man dort eine moderne
Skulptur.

1969 – „Mit 1300 Meter 'Karl-Marx-Ring', ebenfalls in Perlach, hatten sie
sich noch einverstanden erklärt, 480 Meter für den Marxisten Eisner jedoch
mochten sie nicht hinnehmen", schrieb im Februar 1969 der *Spiegel* über
den Streit im Münchner Stadtrat. Zum 50. Jahrestag der Revolution wollte
die SPD Eisner mit einer Straße im Neubauviertel Neuperlach ehren, für
Bayerns Landwirtschaftsminister Dr. Dr. Alois Hundhammer (CSU) dagegen war dieser aber nur „eine böse und verhängnisvolle Erscheinung der
bayrischen Geschichte". Im Februar 1969 wurde die Kurt-Eisner-Straße in
dem Hochhausviertel, eine der größten Trabantenstädte in Deutschland,
eingeweiht.

1989 – Im Oktober 1985 debattierte der Münchner Stadtrat erregt den Antrag des Stadtrates Alfred Lottman (SPD) auf Errichtung eines würdigen
Denkmals für Kurt Eisner. CSU und FDP lehnten dies ab und stilisierten
Eisner zu einem „entschiedenen Gegner der Demokratie", dem man keine
„übermäßige politische Anerkennung" zollen müsse. Das Denkmal wurde
aber schließlich mit Mehrheit der SPD und Grünen beschlossen. Die Stadt
schrieb daraufhin einen Künstlerwettbewerb aus, den die Künstlerin Erika
Maria Lankes mit ihrer Bodenskulptur gewann – sie zeigt die Umrisse
eines auf dem Boden liegenden Menschen und soll so den ermordeten Ministerpräsidenten symbolisieren. Die politischen Grabenkämpfe um die Interpretation der Geschichte begannen allerdings erneut, als es in der Denk-
mals-Inschrift darum ging, ob Eisner den „Freistaat" oder den „Volksstaat"
Bayern ausgerufen habe. Der Begriff des „Volksstaats", der mit dem heuti-

*In der Kardinal-Faulhaber-Straße Ecke Promenadeplatz findet sich das 1989 ge-
setzte Bodendenkmal für den an dieser Stelle ermordeten bayerischen Ministerpräsidenten Kurt Eisner, es zeigt die Umrisse seines Körpers nach dem Attentat.*

gen Freistaat nichts gemein habe, diente dabei auf konservativer Seite zur
Delegitimierung Eisners. Die heutige Inschrift lautet: „Kurt Eisner, der am
8. November 1918 die bayerische Republik ausrief, nachmaliger Ministerpräsident des Volksstaates Bayern, wurde an dieser Stelle am 21. Februar
1919 ermordet." Das Denkmal in der Kardinal-Faulhaber-Straße / Ecke
Promenadeplatz wurde 1989 eingeweiht.

1991 – Im Mai 1991 wird die „Giesinger Geschichtssäule" des Bildhauers
Konstantin Frick am Tegernseer Platz (Tela-Post) an der Stelle des alten
Giesinger Feldkreuzes, das dort bis 1925 stand, eingeweiht. Die Inschrift
lautet: „Zum Gedenken Im Jahr der Revolution 1919 wurden 61 Bürger aus
Ober und Untergiesing erschossen."

1996 – Eine Gedenktafel zur Erinnerung an die durch Weiße Truppen im
Hofbräukeller ermordeten zwölf Perlacher Bürger wurde im August 1996
am Wiener Platz am nordöstlichen Eingang zum Biergarten angebracht.
Die Gedenktafel solle verhindern, dass die Opfer in Vergessenheit geraten,
so Bürgermeister Hep Monatzeder (Grüne) bei der Enthüllung.

ZUM
GEDENKEN
IM JAHR DER
REVOLUTION
1919
WURDEN
61 BÜRGER
AUS OBER
UND UNTER
GIESING
ERSCHOSSEN

Die Gedenksäule bei der Tela-Post in München Giesing.

Tafel (ganz rechts im Bild) für die von Weißen Truppen ermordeten Perlacher Bürger am Eingang zum Hofbräukeller.

Der Ort, an dem der Freistaat (ist gleich Republik) Bayern 1918 ausgerufen wurde: Die Stele befindet sich heute in einem Einkaufscenter an der Bayerstraße, dort befand sich früher der Mathäser Bierkeller. Das Gebäude wurde 2003 abgerissen und durch einen Kinokomplex ersetzt.

2002 – Auf Antrag der Grünen im Stadtrat wird auf dem Gelände der ehemaligen Waldmann-Stetten-Kaserne zwischen Leonrodstraße und Ackermannbogen eine Straße nach Gustav Landauer benannt.

2003 – Eine Stele mit dem Bildnis Kurt Eisners erinnert im Kinokomplex Mathäser an der Bayerstraße 3-5 an die Ausrufung des Freistaates Bayern in der Nacht vom 7. auf den 8. November 1918. Damals fungierte der zentral gelegene Bierkeller Mathäser als Hauptquartier der Revolutionsbewegung und war während des Einmarsches der Weißen Truppen hart umkämpft. Die Stele wurde bei der Eröffnung des Neubaus an der Stelle des ehemaligen Bierkellers von Oberbürgermeister Christian Ude (SPD) am 7. November 2003 enthüllt.

2011 – Am 30. Mai 2011 wurde ein Denkmal der Münchner Künstlerin Rotraut Fischer für Kurt Eisner auf dem Oberanger 38 (nahe dem Münchner SPD-Haus) vorgestellt, damit sollte Bayerns erster Ministerpräsident end-

2011 erhielt Kurt Eisner endlich ein Denkmal in München – „nur" 92 Jahre nach seiner Ermordung. Die Glasskulptur am Oberanger Ecke Schmidtstraße in der Nähe der Münchner SPD gefällt nicht jedem – zu wenig greifbar scheint das Material, zu allgemein die Botschaft.

lich ein würdiges Denkmal erhalten. In einem Wettbewerb hatte sich 2009 die durchsichtige Skulptur mit blauer Schrift auf grünlichem Glas durchgesetzt. Die Inschrift lautet: „Jedes Menschenleben soll heilig sein", und ist ein Zitat aus Eisners Aufruf an die Münchner Bevölkerung am 7. November 1918.

Ein Spaziergang auf den Spuren der Revolution

Beginnen wir den Spaziergang im Arbeiterviertel Giesing. Die Tegernseer Landstraße ist so etwas wie das Rückrat des Viertels, von dem wie Rippchen die kleinen Seitenstraßen abgehen. Hier finden sich die Läden des alltäglichen Bedarfes und so gibt es noch den Metzger und das Schuhgeschäft, die Eisdiele und die Buchhandlung. An der Kreuzung zur Bonifaz-Straße versucht eine Gaststätte mit einem „Nudel-Alarm 5,55 Euro" die Gäste anzulocken, auf der anderen Straßenseite wirbt eine Plakat für „Lance Lopez – The Killar Guitar from Texas". Gut einen Kilometer die Straße hinauf lädt die Kirchengemeinde zum „Türkisch-bayerischen Maitanz" ein. Längst ist Obergiesing zu einem multikulturellen Lebensraum geworden, der sich mit dem Charme der Vorstadt vermischt hat. Das Viertel ist noch so wohltuend unprätentiös wie nicht viele in München. Die Tegernseer Landstraße entlang zu schlendern ist wie ein Spaziergang durch jene Normalität, in der Verkäuferinnen, Brauereiarbeiter und die Beschäftigten der Müllabfuhr mit ihren Gehalt auskommen müssen. Die Jüngeren tun dies zum Beispiel im Isar-Bowling, dort, wo die Tegernseer Landstraße auf die Martin-Luther-Straße trifft. Zwei Etagen geht es hinab, vorbei an einem Billard-Salon, dann steht man in einem Saal mit 20 Bahnen und das Ambiente erinnert an die 1970er Jahre. Das kommt nicht von ungefähr, denn zu dieser Zeit wurde der mächtige Betonklotz, in dem sich die Anlage befindet, gebaut. Hier findet sich auch ein historischer Ort der Fast-Food-Kultur: Das erste McDonalds-Restaurant in Deutschland, das am 4. Dezember 1971 eröffnet wurde.

Von hier aus schweift der Blick hinüber über die Fahrbahnen des Mittleren Ringes auf ein Giesinger Wahrzeichen: das alte Sechziger-Stadion. Im Unterschied zur Umsatz-und-Eventmaschine der Allianz-Arena und dem welt- und weitläufigen Olympia-Stadion verkörpert es die proletarische Sportkultur im Arbeiterviertel Giesing. Das „Städtische Stadion an der Grünwalder Straße", wie die exakte Bezeichnung lautet, wurde 1925 errichtet, ein Jahr später ausgebaut und 1937 vom TSV 1860 an die Stadt München verkauft.

Doch zurück in die Gegenwart der Vergangenheit. Ausgangspunkt des „Revolutionsspaziergangs" ist die Giesinger Geschichtssäule an der Tele-Post mit der Erinnerung an die 61 erschossenen Arbeiter. Richtet man sich nach Westen und folgt der Icho-Straße, so gelangt man am Giesinger Berg linker Hand zu jener Mauer, an der 1942 die Nationalsozialisten ihr

Denkmal für die Freikorps errichteten. Rechter Hand liegt die Heilig Geist Kirche, auf deren Turm die Rote Armee ein Maschinengewehr postiert hatte. Rechts von der oberen Icho-Straße findet sich auch die Feldmüller-siedlung, eine Kleinhaussiedlung, die von Tagelöhnern, Handwerkern und Kleingewerbetreibenden bewohnt wurde. In der Ecke Gietlstraße/Untere Grasstraße trafen sich Giesings Kommunisten in der Gastwirtschaft „Krie-gerheim", später zog dort die Ortsgruppe der NSDAP ein. Am 29. April 1919 zählte die Giesinger „Rote Garde Abteilung Bergbräu" 232 Mann.[33]

Zurück an der Säule, führt der Weg durch die Tegernseer Landstraße nach Norden, bis rechts der Ostfriedhof auftaucht. Dort findet sich zwi-schen den Sektionen 51 und 68 das Denkmal für die Toten der Revolution.

Ab dem Ostfriedhof wird die Tegernseer Landstraße zur Regerstraße und diese führt schließlich zum Rosenheimer Platz. Links erhebt sich das Kulturzentrum Gasteig in die Höhe, hier stand früher der Bürgerbräukeller, in dem Hitler einem Attentat entging. Geradeaus weiter führt der Spazier-gang aber zum Hofbräukeller am Wienerplatz. Rechts neben dem Eingang zum Biergarten ist an der Mauer die Gedenktafel für die zwölf erschosse-nen Perlacher Bürger zu sehen.

Von hier aus geht es vorbei am Maximilianeum – seit 1949 Sitz des bayerischen Landtages – und über die Isar in die Maximilianstraße, die direkt in das Münchner Stadtzentrum führt. In der Hausnummer 22 wurde am 2. Mai 1919 Rudolf Egelhofer, Kommandant der Roten Armee, in der Wohnung der Ärztin Hildegard Menzi verhaftet. Bei der Oper ist rechts die Residenz zu sehen, folgt man hier der Residenzstraße, gelangt man zum Odeonsplatz, an dem Egelhofer am 3. Mai ermordet wurde. Geradeaus aber geht es durch die Perusa- und Maffeistraße zum Promenadeplatz. Unüber-sehbar reckt sich dort das Denkmal Montgelas' in die Höhe, rechter Hand liegt das Hotel Bayerischer Hof, ehemals Quartier der antisemitischen Thule-Gesellschaft. An der Ecke zur Kardinal-Faulhaber-Straße befindet sich schließlich das Eisner-Denkmal von 1989, eine Bodenplatte mit den Umrissen des erschossenen Ministerpräsidenten.

Über den Lenbachplatz und den Stachus geht es weiter in die Bayerstra-ße Nr. 3 in das Erdgeschoß des dortigen Kinokomplexes. Hier finden wir die Stele mit dem Foto Eisners, das an die Gründung des Freistaates erin-nern soll – welch überaus würdiges Denkmal für dieses Ereignis! Gerade-aus gehend kämen wir zum Bahnhof, der während der Rätezeit ebenso wie die ganze Innenstadt Schauplatz von Kämpfen war. Doch wir gehen vom Stachus aus der Sonnenstraße folgend zum Sendlinger-Tor-Platz und wen-den uns dort nach links zum Oberanger. Während wir die Parteizentrale

der SPD passieren, ist schon das Eisner-Denkmal von 2011 zu sehen, jedenfalls wenn man scharf hinsieht: eine gläserne Skulptur. Nicht weit entfernt, in der Müllerstraße 5, befand sich früher das Luitpold-Gymnasium,
Schauplatz der Geiselerschießung durch die Rote Armee. Das dort nach
1945 errichtete Heizkraftwerk wurde inzwischen zu Luxuswohnungen umgewandelt.

*Das gemeinsame Grab von Kurt Eisner und Gustav Landauer auf dem neuen isra-
elitischen Friedhof an der Garchinger Straße im Norden Münchens.*

Zwei Arten der Erinnerungskultur: Die verfallene Grabstelle von Rudolf Egelho-fer, dem im Mai 1919 ermordeten Stadtkommandanten der Münchner Räterepublik auf dem Münchner Nordfriedhof (Sektion 105, Reihe 5, Grabnr. 6) steht für die „Besiegten der Geschichte", wie es Walter Benjamin ausdrückte (Foto oben). Für die Profiteure der Geschichte steht dagegen das Grabmahl von Hjalmar Schacht, Banker, Reichsbankpräsident von 1933 bis 1939 und Förderer der NSDAP, auf dem Ostfriedhof (Foto unten).

Die kommunistische Neue Zeitung *erinnerte 1925 an die getöteten und gefangenen Teilnehmer der Räterepublik von 1919.*

2. Das München der Weimarer Republik

Im Herbst 1919 sind von der Räterevolution in München nur mehr die Gräber der Toten übrig. Das Leben geht wieder seinen (bürgerlichen) Gang. Später wird man von der Zeitspanne zwischen 1924 und 1929 wegen des wirtschaftlichen Aufschwungs von den „Goldenen zwanziger Jahren" sprechen. Doch diese Jahre sind nur ein Zwischenspiel zwischen der Hyperinflation von 1923 und der Weltwirtschaftskrise zu Beginn der 1930er Jahre. Durch sie werden die Menschen politisch radikalisiert und der Bürgerkrieg von 1919 findet seine Fortsetzung in den Saalschlachten und Straßenschlägereien, in Putsch und politischem Mord.

Nicht alle Arbeiter in den Münchner Arbeitervierteln waren „rot". Walburga Weber erlebt Revolution und Räterepublik in der Wohnung ihres Stiefvaters im „Josefshaus" an der Regerstraße. Die Arbeiterwohnungen waren 1896 vom „Katholischen Arbeiterverein München-Au-Giesing" errichtet worden, das Anwesen reicht bis zur Hochstraße, die einzelnen Gebäude sind durch Hinterhöfe getrennt. An der Hochstraße befand sich auch eine große Gaststätte, in deren Saal vierstündige Passionsspiele aufgeführt werden. Im Mai 1919 sind hier Männer des Freikorps Oberland einquartiert. Im Herbst 1919 heiratet Walburga Franz Weber, Magaziner von Beruf. Im Jahr darauf kommt die erste Tochter des Ehepaars zur Welt.

Die Familie Himmler lebt Anfang 1919 in Landshut, Ende April tritt Heinrich Himmler dem Freikorps Oberland bei. An den Kämpfen nimmt er freilich nicht teil, holt vielmehr in einer Sonderklasse das Abitur nach. Erst Ende Mai rückt er mit einer Ergänzungskompanie in München ein. Diese ist abseits von den anderen Kompanien des Freikorps in einem Gebäude der Eisenbahn stationiert, doch als persönlicher Adjutant des Kompanieführers kommt Himmler oft in Kontakt mit den anderen Einheiten. Vielleicht hat er in dieser Funktion auch die Freikorps-Männer im Saal des Josefshauses besucht, und vielleicht sind sich hier der künftige Mörder und sein künftiges Opfer sogar über den Weg gelaufen.

Die Feldherrnhalle am Münchner Odeonsplatz. Links erfolgte der Schusswechsel mit den Hitler-Putschisten.

Mit dem Versailler Friedens-Vertrag vom 28. Juni 1919 kommt allerdings das Ende seiner militärischen Laufbahn: Die Freikorps werden mit geringer Mannschaftsstärke in die Reichswehr eingegliedert, viele Angehörige, darunter auch Himmler, entlassen.

Im Herbst 1919 kehrt er von einem kurzen landwirtschaftlichen Praktikum in Oberhaunstadt bei Ingolstadt nach München zurück und nimmt am 28. Oktober 1919 ein Studium an der Technischen Universität und an der Ludwig-Maximilians-Universität auf – er studiert Landwirtschaft. Bis Sommer 1920 mietet er sich ein Zimmer im vierten Stock der Amalienstraße Nr. 28. Sein Essen nimmt er bei Frau Loritz, der Witwe eines Sängers, in der wenige Gehminuten entfernten Jägerstraße Nr. 8 ein. Und in diesem Herbst wird Himmler auch in die Studentenverbindung *Bund Apollo* aufgenommen.

Der Historiker Bradley Smith beschreibt Himmler in dieser Zeit als einen jungen Mann mit Bewunderung für das Militärische, mit inneren Zweifeln und in Auseinandersetzung mit dem katholischen Glauben und seiner Sexualität, geplagt von Zukunftsangst angesichts der galoppierenden Inflation. Es ist die Zeit seiner allmählichen politischen Radikalisierung.

Nach einem Praktikantenjahr auf einem landwirtschaftlichen Gut kommt Heinrich Himmler für sein letztes Studienjahr nach München zurück, wohnt in der Brienner Straße Nr. 3. Als Angehöriger der *Schützengesellschaft Freiweg* kommt er in Kontakt mit Ernst Röhm, dem späteren Führer der nationalsozialistischen SA („Sturmabteilung"). Nach Abschluss seines Studiums enthebt ihn 1922 eine Anstellung bei einer Düngemittel-Firma in Unterschleißheim zunächst der Existenzangst, bis die Inflation auch das Gehalt auffrisst. 1923 folgt Himmler politisch und militärisch Röhm zum Verband „Reichskriegsflagge" und stolpert auch seinem Führer hinterher, als dieser der NSDAP beitritt: Himmler erhält im August 1923 die NSDAP-Mitgliedskarte Nr. 42.404.

Der Hitler-Putsch

Hitler war im Oktober 1919 der Deutschen Arbeiterpartei beigetreten, am 8. November 1923 wagte er in München den Putsch. Innerhalb von nur vier Jahren hatte es der Österreicher zum bekannten rechtsextremistischen, antibolschewistischen und antisemitischen Führer der NSDAP und der Schlägertrupps der SA gebracht, unterstützt auch von den „besseren Kreisen" der Gesellschaft. Es ist eine Gruppe von jungen Männern, die später aus dumpfen Stammtischparolen blutigen Ernst machen: Hitler ist zur Zeit des Putsches 34 Jahre alt, der in Rosenheim geborene Hermann Göring 30 Jahre, Rudolf Heß 29 Jahre und Heinrich Himmler 23 Jahre.

Im November 1923 regiert in Bayern der Monarchist Gustav Ritter von Kahr. Er war im März 1920 zum Nachfolger des zurückgetretenen sozialdemokratischen Ministerpräsidenten Johannes Hoffmann gewählt worden, hatte aber im September 1921 aus Protest gegen die von Berlin angeordnete Auflösung der bayerischen Einwohnerwehren seinerseits sein Amt niedergelegt. 1922 wurde Eugen Ritter von Knilling bayerischer Ministerpräsident. Als die Berliner Reichsregierung 1923 das Ende des passiven Widerstandes gegen die Besetzung des Ruhrgebiets durch Frankreich ausrief, nahm dies Knilling zum Vorwand, den Ausnahmezustand in Bayern auszurufen und von Kahr zum Generalstaatskommissar mit diktatorischen Vollmachten zu ernennen.

Der wollte auf einer Versammlung am 8. November im Münchner Bürgerbräukeller sein politisches Programm vorstellen, um etwa 20 Uhr begann von Kahr seine Rede über die Übel des Marxismus. Was dann folgte,

An der Wand der Residenz ist seit 2010 die Erinnerungstafel an die vier getöteten Polizisten angebracht. Zuvor existierte seit 1994 nur ein Bodendenkmal.

Die Erinnerungstafel mit den Namen der getöteten Polizisten: Fink, Hollweg, Schoberth, Schraut.

war eine der Szenen, die die Weimarer Republik in ihrer Zerbrechlichkeit unter dem Ansturm von rechts zeigte: Hitler fuhr mit einem roten Mercedes vor dem Bierkeller vor und entstieg mit seinem unvermeidlichen Trenchcoat, während drinnen bereits seine Gefolgsleute warteten und Bier tranken – für eine Milliarde Mark pro Maß![34] Danach trafen Lastwagen mit schwerbewaffneten SA-Truppen ein, die das Gebäude umstellten. Göring trat auf, mit all seinen Orden an der Brust, umgeben von 25 Braunhemden, ein Maschinengewehr wurde postiert. In einem theatralischen Auftritt begab sich Hitler mit Gefolge zum Rednerpult, Tische umwerfend. Ein Schuss in die Decke ertönte und Hitler rief in den Saal: „Die deutsche Revolution ist ausgebrochen!"

In einem Nebenzimmer eröffnete Hitler dem Generalstaatskommissar Kahr sowie dem ebenfalls anwesenden Reichswehrgeneral Otto von Lossow und Hans von Seißer, Chef der bayerischen Landespolizei, er werde eine neue bayerische Regierung bilden und bot ihnen darin Funktionen an. Dann sollte der Marsch auf Berlin nach dem Vorbild Mussolinis beginnen. Währenddessen hielt Göring im Bierkeller eine Rede an die Anwesenden, um sie von dem Putsch zu überzeugen, während die SA bereits anfing, Juden in der Stadt zu verhaften. Schließlich stieß auch General Ludendorff zu den Putschisten im Bürgerbräukeller. Nun trat Hitler an das Rednerpult und verkündete die Bildung einer neuen Regierung, in der die bisherigen Regierungsmitglieder ebenfalls vertreten seien, General Ludendorff würde an die Spitze der Reichswehr treten. Durch die Rede kippte die Stimmung im Saal zugunsten Hitlers, im Hinterzimmer stimmten schließlich Lossow und Seißer dem Putsch zu, dies tat auch Kahr, allerdings unter der Bedingung, dies sei ein Vorspiel für die Wiedereinsetzung des Hauses Wittelsbach. Draußen im Saal wurde dann dieser Pakt auf der Rednertribüne mit Handschlägen öffentlich bekundet.

Währenddessen hatte sich unter Führung von Ernst Röhm die SA im Löwenbräukeller am Stiglmaierplatz versammelt, auf eine Nachricht von Hitler hin marschierte die bewaffnete Truppe zum bayerischen Wehrkreiskommando an der Schönstraße Ecke Ludwigstraße. Mit dabei als Fahnenträger der Reichskriegsflagge: der 23-jährige Heinrich Himmler. Das Gebäude wurde zwar von der SA besetzt, doch das war die Ausnahme: Die anderen Reichswehrkasernen blieben ihnen verschlossen. Und im Bürgerbräukeller hatte General Ludendorff den Fehler begannen, das Triumvirat Kahr, Lossow und Seißer auf Ehrenwort gehen zu lassen. Die beiden Letzteren begannen freilich sofort nach der Freilassung, Gegenmaßnahmen einzuleiten, der Pakt sei ungültig, weil mit vorgehaltener Waffe erzwungen.

Kahr zögerte ein wenig, bis er in der Nacht zum 9. November schließlich den Putsch in einer Proklamation verurteilte.

Am Morgen des nächsten Tages, am 9. November 1923, hatten sich Hitler und Ludendorff entschlossen, mit ihren 2000 Mann vom Bürger-bräukeller aus in die Innenstadt zu marschieren. In Achterreihen ging es die Rosenheimer Straße hinunter, ein Polizeiposten an der Ludwigsbrücke wurde verhaftet. Vorneweg marschierten Hitler, Ludendorff, Göring und andere NS-Größen, unmittelbar hinter ihnen der „Stoßtrupp Hitler", eine Sondereinheit der SA. Am Marienplatz vermischte sich die Kolonne mit Schaulustigen, Julius Streicher kündigte in einer Rede an die Menge an, jüdische Profitmacher würden an den Laternenpfählen aufgehängt. Von einem Balkon des Rathauses flatterte eine riesige Hakenkreuzfahne, die SA hatte das Haus gestürmt und den sozialdemokratischen Bürgermeister festgenommen.

Um die Machtergreifung zu vollenden, befahl Ludendorff den Weiter-marsch zum Wehrkreiskommando an der Schönstraße, um sich mit den Truppen von Röhm zu vereinen. Der Weg dahin ging über die Residenz-straße, die zum Odeonsplatz führt. Dort allerdings standen Landespoli-zisten, bewaffnet mit Maschinengewehren und einem Panzerwagen. Die Marschkolonne mit Ludendorff und Hitler an der Spitze bewegten sich auf die Polizeikette zu, es kam zu einem Handgemenge, in dem sich ein Schuss löste. Darauf begann ein Feuergefecht, an dessen Ende 13 Putschisten und vier Polizisten tot auf der Straße lagen, hinzu kam ein unbeteiligtes Opfer. Göring wurde an der Hüfte getroffen, er schleppte sich zur Residenz und flüchtet schließlich nach Österreich. Hitler blieb bis auf eine ausgekugelte Schulter unverletzt – sein Leibwächter hatte dafür elf Kugeln abbekommen – und konnte in dem Durcheinander an der Feldherrnhalle entkommen, er wurde später im Hause des Verlegers und Hitler-Förderers Ernst Hanf-staengl in Uffing am Staffelsee verhaftet. Ludendorff blieb unverletzt und wurde am Odeonsplatz verhaftet. Unter den Toten der Putschisten war auch der Jurist und Richter Theodor von der Pfordten. In seinen Taschen fand sich der Entwurf für eine Verfassung des neuen Regimes, darin ging es um die Abschaffung des Parlamentarismus, die Entlassung aller jüdischen Beamten und die Einweisung von gefährlichen Personen und „unnützen Essern" in Sammellager.

Unmittelbar nach dem Putsch erging Haftbefehl gegen entkommene NS-Führer, die NSDAP wurde verboten, ihre Geschäftsstellen von der Po-lizei besetzt. Der Nazi-Spuk schien vorbei, auch wenn die Atmosphäre in München angespannt blieb und Hitler-Anhänger sich am 10. November

Die völkische Presse wie die Großdeutsche Zeitung *stimmt auf den Hitler-Prozess ein.*

am Odeonsplatz versammelten und „Nieder mit dem Verräter Kahr. Es lebe Hitler" riefen.

Am 26. Februar 1924 werden Hitler und seine wichtigsten Mitverschwörer vor einem Sondergericht wegen Hochverrats angeklagt. Es ist ein Prozess, der internationales Aufsehen erregt. Weil in München kein Gerichtssaal vorhanden ist, der groß genug ist, um den Andrang der Pressevertreter und Zuschauer zu fassen, wird der Prozess in einen Saal der ehemaligen Infanterieschule an der Blutenburgstraße verlegt.[35] Die Presse schreibt, dies sei „wohl der größte politische Prozess, der je von einem Münchner Gericht abgehandelt wurde". Schon seit Tagen ist das Gebäude von Polizei und Reichswehr abgesichert.

Der fast quadratische Sitzungssaal bietet Raum für 300 Personen, die rückwärtigen Tische sind für die Presse reserviert. Die auf nationalsozialistischer Linie liegende *Großdeutsche Zeitung* gibt eine Kostprobe von dem damaligen Klima: „Atemlose Stille liegt über dem verdunkelten Zuschauerraum – und doch tönt von irgendwo wie aus den Tiefen deutscher Seele, nur dem feineren Ohr vernehmbar, ein vieltausendstimmiges Summen und Grollen, unheimlich und drohend." Zehn Jahre später war aus dem Summen und Grollen dann ein millionenfaches „Sieg Heil" geworden. Für Hitler wird der Prozess zur politischen Bühne. Er habe gar keinen Hochverrat im eigentlichen Sinne begehen können, da die Weimarer Republik selbst aus einem „Verrat" am Vaterlande hervorgegangen sei. Und wenn man ihn, Hitler, anklage, müsse das auch für Kahr, Lossow und Seißer gelten, die ja die gleiche Tat gewollt und vorbereitet hätten. Hitler konnte sich der Sympathie des bayerischen Justizministers Franz Gürtner sicher sein, Richter Georg Neithardt, der Vorsitzende der Schwurgerichtskammer, an der verhandelt wurde, hatte bereits bei dem Urteil gegen den Eisner-Mörder Graf Arco seine rechte Gesinnung deutlich werden lassen. Neithardt rühmte sich mehrerer politischer Verfahren, so 1920 gegen den kommunistischen Angeordneten Josef Eisenberger wegen „Aufreizung zum Klassenkampf und Aufforderung zum Hochverrat" (zwei Jahre Gefängnis), und wegen des gleichen Delikts gegen Fritz Ehrhard, Schriftleiter der kommunistischen *Neuen Zeitung* (ein Jahr Gefängnis). Im Urteil gegen den Eisner-Mörder Graf Arco war zu lesen, von einer Aberkennung der bürgerlichen Ehrenrechte könne natürlich keine Rede sein, weil die Handlungsweise „des jungen politisch unmündigen Mannes nicht niedrige Gesinnung, sondern der glühendsten Liebe zu seinem Volke und Vaterlande entsprang".[36] Das Todesurteil gegen Arco wurde schon am nächsten Tag in ehrenhafte Festungshaft umgewandelt, aus der er im Mai 1924 entlassen wurde. Als eine „abgekartete Justizkomödie" bezeichnete der Jurist Otto Gritschneder später dieses Urteil.[37]

Was konnte man also vom Prozess gegen die Hitler-Putschisten erwarten? In den *Münchner Neuesten Nachrichten* war zu lesen, dass die Sympathien des Blattes auf Seiten der Angeklagten und nicht auf Seiten der „Novemberverbrecher", also der Berliner Regierung, lägen. In dieser Sicht war die Weimarer Republik ein nationaler Schandfleck. Schließlich fielen am 1. April 1924 die Urteile: Ludendorff wurde freigesprochen, Hitler (und andere NS-Führer) zu fünf Jahren Festungshaft verurteilt. Das Gericht betonte, die Angeklagten seien „rein vaterländischen Geistes und des edelsten selbstlosen Willens" gewesen. Hitler verbrachte die Strafe in der Festung Landsberg, bewohnte dort behagliche Räume, empfing regen Besuch – etwa von Carin Göring und Winifried Wagner –, genoss delikate Speisen und schrieb schließlich an seinem Buch *Mein Kampf*. Am 20. Dezember 1924 wurde Hitler wieder auf freien Fuß gesetzt, das Gericht hatte ihm seine Resthaftzeit großzügig erlassen.

Nach der Machtergreifung 1933 wird die Stadt Landsberg den „Wert" der Hitlerzelle zur „Hebung des Fremdenverkehrs" entdecken, ab dem 4. August 1938 ist das „Nationalheiligtum Führerzelle" zwölf Stunden am Tag für die Öffentlichkeit geöffnet. Richter Neidhardt wird nach der Machtergreifung – er ist inzwischen Parteimitglied – am 1. September 1933 zum Präsidenten des Oberlandesgerichtes befördert, bei der Amtseinführung gelobt er, sein Amt im Sinne der nationalsozialistischen Weltanschauung zu führen, 1934 weist er in einem Rundschreiben darauf hin, nichtarische Richter bei Rechtsstreitigkeiten, in die die NSDAP verwickelt ist, nicht zuzulassen. Als Neithardt im November 1941 stirbt, lässt Hitler einen Efeukranz an seinem Grab niederlegen.

Nach dem Putsch von 1923 war Himmler weder verhaftet noch angeklagt worden, was ihn leicht enttäuschte. Seine Stellung in Unterschleißheim hatte er vor dem Putsch aufgegeben, nun ist er arbeitslos und wohnt bei den Eltern – der Vater ist mittlerweile Direktor des Wittelsbacher-Gymnasiums in München. Er liest viel, die Teilnahme am Hitler-Putsch haben ihn „vom konservativen zum radikalen Revolutionär" (Bradley Smith) werden lassen.[38] Zum Kern eines rassistischen Denkens wird der Antisemitismus, sexuell getönt, während der 23-Jährige an seiner Keuschheit festhält. Sein Interesse an Spiritualität und Okkultismus erwacht, während er zum Katholizismus auf Distanz geht.

Anfang 1925 wird er in Landshut Sekretär von Gregor Strasser, Gauleiter für Niederbayern der „Nationalsozialistischen Freiheitsbewegung".

1925 wurde die NSDAP wieder erlaubt, doch die SA blieb in den meisten deutschen Ländern verboten. Daraufhin gründete Hitler die paramilitärische Einheit der Schutzstaffel (SS). Sie fußte einerseits auf dem Elitegedanken des Stoßtrupps, übernahm andererseits aber auch Aufgaben wie den Vertrieb des *Völkischen Beobachters* oder den Verkauf von Braunhemden. Himmler wurde 1925 SS-Gauleiter Niederbayern.

Um 1925/26 war die NSDAP freilich die kleinste politische Partei Deutschlands, eine winzige Partei, die in einer gefestigt erscheinenden Weimarer Republik als exzentrische Gruppe angesehen wurde. Als Parteifunktionär verdiente Himmler weniger als 150 Mark im Monat, ein erbärmlich niedriges Gehalt. Im September 1926 kehrt er von Landshut nach München zurück, um in der Parteizentrale – dem Rückgebäude in der Schellingstraße 50 – die Verwaltung des Propagandabüros zu übernehmen.

In München hatte die neugegründete Partei um 1927 gerade mal 1600 Mitglieder, die Münchner SA war durch Finanzprobleme in der Krise.[39] Die bayerische Regierung half, indem sie das Redeverbot für Hitler aufhob.

Bei den Landtagswahlen 1928 erreichte die Partei bayernweit 6,1 Prozent
und in München 10,3 Prozent. Doch schon bei den Kommunalwahlen 1929
stieg ihr Stimmanteil auf 15,4 Prozent.

(K)Eine Straße für Emil Julius Gumbel

Man könnte der Meinung sein, München habe eine Emil-Julius-Gumbel-
Straße verdient. Denn damit wäre dieser historischen Last der tiefschwarz-
braunen Rechtsprechung, die die Richter in dieser Stadt so gerne und frei-
willig praktizierten, zumindest ein kleines Gegengewicht beigestellt. In
Form der Erinnerung an den Statistikprofessor, Pazifisten und Justiz-Kriti-
ker der Weimarer Zeit, eine der von den Nationalsozialisten „meistgehaß-
ten Persönlichkeiten"[40].

Gumbel wurde am 18. Juli 1891 in München geboren, sein Vater war
der jüdische Bankier Hermann Gumbel, die Mutter dessen Ehefrau Flo-
ra – eine liberale, aufgeklärte, weltoffene Familie. Er machte 1910 am
Wilhelmsgymnasium sein Abitur, im September desselben Jahres sollte
Himmler dort seine Schulzeit beginnen. Ebenso wie Walburga Weber wird
auch Gumbel zu ihm eine spezielle Beziehung haben – ein Verwandter, der
Heilbronner Rechtsanwalt Siegfried Gumbel, wird 1942 im KZ Dachau
ermordet.

Gumbel studiert in München Mathematik und Nationalökonomie, pro-
moviert 1914 unmittelbar vor Kriegsausbruch. Sein Kriegsdienst endet
1915, ohne dass er an der Front war, er arbeitet anschließend bei einer
Flugzeugfabrik, dann bei Telefunken in Berlin. 1917 tritt er der USPD bei,
engagiert sich für Pazifismus und Antimilitarismus. Bekannt wird Gumbel
in den 1920er Jahren aber vor allem durch seine weit verbreiteten Schriften, in denen er die politischen Morde der Nachkriegszeit thematisiert
und die auf dem rechten Auge blinde Justiz der Weimarer Zeit kritisiert.
So erscheint 1921 sein Buch *Zwei Jahre Mord*, in dem er die politischen
Mordtaten von 1918 bis 1920 akribisch auflistet, ebenso deren (oft nicht
erfolgte) juristische Ahndung. 1922 erfolgt unter dem Titel *Vier Jahre politischer Mord* die fünfte Auflage. Darin wird die Rechtslastigkeit der Justiz deutlich: „354 politische Morde von rechts; Gesamtsühne: 90 Jahre, 2
Monate Einsperrung, 730 M. Geldstrafe und 1 lebenslängliche Haft"; dagegen: „22 Morde von links; Gesamtsühne: 10 Erschießungen, 248 Jahre,
9 Monate Einsperrung, 3 lebenslängliche Zuchthausstrafen". Das Reichs-

justizministerium bestätigte in einer Untersuchung die Ergebnisse. Gumbel erwartete entweder eine Verleumdungsklage oder die Strafverfolgung der Täter. „Tatsächlich ist etwas Drittes, völlig unvorhergesehenes eingetreten: Obwohl die Broschüre keineswegs unbeachtet blieb, ist von behördlicher Seite kein einziger Versuch gemacht worden, die Richtigkeit meiner Behauptungen zu bestreiten. Im Gegenteil, die höchste zuständige Stelle, der Reichsjustizminister, hat meine Behauptungen mehrmals ausdrücklich bestätigt. Trotzdem ist nicht ein einziger Mörder bestraft worden."[41] Später beschäftigt er sich mit rechten Geheimbünden und Fememorden (*Verräter verfallen der Feme*, 1929).

Ab 1923 lehrt Gumbel als Privatdozent für Statistik an der Universität Heidelberg, er veröffentlicht Schriften über *Das Elend der Geistesarbeiter in Deutschland* (1923) und über *Klassenkampf und Statistik* (1928). 1930 wird er zum außerordentlichen Professor ernannt. Doch an der als „liberal" geltenden Universität weht längst ein scharfer Wind von rechts, Gumbel wird immer wieder von Nationalsozialisten attackiert. 1932 wird ihm die Lehrberechtigung entzogen, er emigriert nach Frankreich – was ihn vor der Verhaftung durch die Nazis 1933 schützt – und findet eine Anstellung an der Universität von Lyon. 1940 flüchtet er vor Hitlers Truppen in die USA und schlägt sich dort mit verschiedenen Lehraufträgen durch. Er gilt als Experte für die Berechnung von Stauwehrhöhen. 1955 wird ihm in Deutschland eine Wiedergutmachungszahlung gewährt, 1966 stirbt Gumbel in den USA. Er blieb zeitlebens Sozialist, mit kritischer Einstellung zum „real existierenden Sozialismus". Seine politischen Schriften blieben bis Ende der 1970er Jahre vergessen. In München hat die Fachschaft Mathematik an der Universität ihren Studentenraum im Erdgeschoß der Theresienstraße 37 als „Café Gumbel" benannt.

Sprudelnde Geldquellen für den Adel

Dass Bayern seit Eisners Proklamation im November 1918 eine Republik war, hieß nicht, dass der Monarchismus verschwunden war. Mit dem Regierungsantritt des erklärten Monarchisten von Kahr im März 1921 war auch der Rahmen für die Rückkehr von Ex-König und Kronprinz aus dem Exil gegeben – sie hatten sich während der Novemberrevolution ins Ausland abgesetzt. Ludwig III. nahm das Schloss Wildenwart am Chiemsee als Domizil, während Kronprinz Rupprecht sich gleich nach München in das

Leuchtenberg-Palais begab. Dem Königtum fest zur Seite stand die katholische Kirche. Der Münchner Erzbischof Michael von Faulhaber hatte bereits zwei Wochen nach dem Sturz der Monarchie verkünden lassen, dass die Revolution nach christlichen Grundsätzen nicht gebilligt werden könne. Die bayerische Bischofskonferenz machte im September 1919 keinen Hehl aus ihrer Ablehnung der Republik, die aus der Sünde der Revolution geboren sei.[42] Als Ludwig III. nach seinem Tod (am 18. Oktober 1921) in der Münchner Fürstengruft beigesetzt wurde, hielt Faulhaber die Trauerrede und huldigte dabei dem Gottgnadentum. Es entbehrt nicht einer gewissen politischen Pikanterie, dass das Bodendenkmal des Republikgründers Eisner in einer Straße liegt, die nach dem republikfeindlich eingestellten Kleriker benannt ist. Die Rückkehr zum Königtum blieb in Bayern bis 1933 eine Option, die Restauration wurde in konservativen Kreisen als letztes „Bollwerk" gegen den Nationalsozialismus propagiert.

Was haben die Adelsgeschlechter der Wittelsbacher und Habsburger gemeinsam? Unter anderem, dass neben den Leichnamen die Herzen mancher Familienmitglieder extra in einer Gruft bestattet werden, wie etwa beim 2011 verstorbenen Otto von Habsburg, dem Spross des letzten österreichischen Kaisers.

Und was trennt beide Dynastien? Nun, das dynastische Vermögen der Habsburger ging am 3. April 1919 über in den Besitz der neuen österreichischen Republik. Das war auch so in Bayern, als nach der Novemberrevolution die Monarchie abgeschafft und der Freistaat ausgerufen wurde. Doch 1923 – nachdem in Bayern die Räterepublik durch Freikorps niedergeschossen war – stellte der bayerische Landtag den Wittelsbachern quasi auf ewig eine Geldquelle zur Verfügung, in Form der Erträge eines sogenannten Ausgleichsfonds.

Und seitdem sprudeln aus dieser Quelle Jahr für Jahr geschätzte rund 13 Millionen Euro und ermöglichen so den hochwohlgeborenen Mitgliedern der Adelsfamilie ein standesgemäßes Leben in den ehemaligen Königsschlössern – zum Beispiel in der Schlossanlage Nymphenburg. Nur die wenigsten Touristen dort wissen, dass in den einstigen königlichen Gemächern noch immer Franz Herzog von Bayern, quasi „Thronfolger" und das derzeitige Oberhaupt der Wittelsbacher, lustwandeln könnte. Denn 1923 wurde der Familie auch das Wohnrecht im Schloss zugesichert. Dort weist noch immer ein Schild auf die „Herzogliche Verwaltung" hin, ganz so, als habe es nie eine republikanische Verfassung gegeben.

Franz Herzog von Bayern ist auch Chef des „Wittelsbacher Ausgleichsfonds", wie das Wirtschafts-Konglomerat aus Grundbesitz, Wohnhäusern,

Wäldern, Schlössern, Wertpapieren, Kunstwerken und Schätzen offiziell benannt ist. Die Fonds-Verwaltung ist in einem Wohnblock aus den zwanziger Jahren in München-Bogenhausen in der Schumannstraße untergebracht und gibt sich so unauffällig und bescheiden, dass es fast rührend ist: „Generaldirektion" steht klein auf einem von zwölf Klingelschildchen des Hauseingangs, als wohne hier der Hausmeister. Es scheint, man wolle kein Aufsehen, kein Nachfragen, keine Öffentlichkeit. So fließen sie still und weitgehend unbemerkt in die „königlichen" Taschen, die Fonds-Erträge. Und die Wittelsbacher müssen sich hier nicht alleine fühlen, gleich um die Ecke ist die „Genossenschaft Katholischer Edelleute in Bayern" untergebracht, ein paar Hauseingänge weiter die „Vereinigung des Adels in Bayern". Alle haben nur ein paar Schritte zum Münchner Nobelrestaurant *Feinkost Käfer*.

Zu dem Ausgleichsfonds gehören 10.800 Hektar Wald ebenso wie Mietshäuser in München, Hofgestüte, Landgüter und die Schlösser Hohenschwangau, Berchtesgaden und Berg am Starnberger See, außerdem hatte der Fonds die Nymphenburger Porzellanmanufaktur gepachtet. Auch diverse Fisch- und Jagdrechte sind ebenso wie das Wohnrecht im linken Flügel des Nymphenburger Schlosses und im Augustiner-Chorstift auf Herrenchiemsee in den Fonds eingegangen. Gleiches gilt für die Gruft-Rechte in der Münchner Theatiner- und Michaelskirche.

Verwaltet wird dieses Vermögen von einem sechsköpfigen Verwaltungsrat, dem zum Beispiel im Jahre 2011 Albrecht Fürst zu Oettingen-Spielberg, Vorsitzender des Verbandes der Bayerischen Grundbesitzer, und Unternehmensberater Roland Berger angehörten. Mit dabei sind auch zwei Staatskommissare, sie üben die Rechtsaufsicht über den Ausgleichsfonds aus, der die Gestalt einer „Stiftung des öffentlichen Rechtes" hat. Damit ist aber noch lange nicht gesagt, dass das Geschäftsgebaren des Fonds der Öffentlichkeit zugänglich ist. Ganz im Gegenteil, welche Erträge die Wittelsbacher aus diesem Fonds erhalten und an welche Familienmitglieder sie verteilt werden, blieb lange geheim. Fragt man nach im bayerischen Finanzministerium, erhält man die Antwort, man solle beim Wittelsbacher Fonds nachfragen. Fragt man dort nach, heißt es hochherrschaftlich, man gebe keine Auskünfte. Was sich der republikanische Plebs auch so einbildet.

1971 war in einem *Spiegel*-Artikel zu lesen, die Ausschüttung des Fonds betrage 40 Millionen Mark jährlich.[43] Verteilt werde dieses Geld nach „uralter Wittelsbacher-Regel": Der Chef des Hauses streiche allein die Hälfte der Erträge ein, gefolgt von seinen Söhnen und Vertretern von ilinien sowie den unverheirateten Prinzessinnen. Einige verheiratete Prinzessinnen – die „Königlichen Hoheiten" Hilda, Gabriele und Sophie – fanden damals allerdings Geschmack an der republikanischen Ordnung und klagten unter Berufung auf Artikel 3 des Grundgesetzes („Männer und Frauen sind gleichberechtigt") darauf, ebenso wie ihre Brüder und Onkeln regelmäßige Zuwendungen aus dem Fonds zu erhalten.

Dieser Wittelsbacher Ausgleichsfonds ist eine bayerische Besonderheit in Deutschland – und manche meinen, ein monarchistisches Relikt in einer Republik. So kommt es etwa in einer juristischen Studie von 1968 zu der bemerkenswerten Aussage: „In der Gleichheitsordnung der Demokratie konnte sich ein Stück alten monarchischen Hausrechts nicht nur im Gewande privatrechtlicher, sondern sogar in der äußeren Form des öffentlichen Rechts erhalten."[44] Eine Dissertation von 2006 kommt zu dem Schluss, in der Schaffung des Ausgleichsfonds zeige sich „eine eigenartige Kontinuität der Monarchie, die bis heute ein monarchisches Element im Selbstverständnis Bayerns bildet. Deutlichster Ausdruck dieses Fortwirkens ist die Rechtskonstruktion der Fürstenabfindung: Die Teile der monarchischen Staatsverfassung, die nicht als Herrschaftsrechte der Revolution zum Opfer gefallen waren, wurden nicht abgeschafft, sondern als Teil der Satzung des Wittelsbacher Ausgleichsfonds konserviert, so daß sie bis heute geltendes Landesrecht sind."[45]

Zu den Kritikern des Fonds gehörte zum Beispiel der im Januar 2015 verstorbene Georg Lohmeier. Und Lohmeier war nicht irgendwer, sondern, wie der Bayerische Rundfunk schrieb, „Sinnbild des königlich bayerischen Originals". Der Schriftsteller war Erfinder der TV-Kultserie *Königlich Bayerisches Amtsgericht*, gründete 1974 den *Bund bayerischer Patrioten* und erregte durch seine Forderung nach der Rückkehr Bayerns zur Monarchie Aufsehen. Doch das hindert ihn nicht, sich kritisch gegenüber der Wittelbachschen Geldquelle zu äußern. Als eine „Kuriosität" bezeichnete der bekennende Monarchist den „Wittelsbacher Ausgleichsfonds" in einem Gespräch mit dem Bayerischen Rundfunk, „denn wir sind doch eine Republik – der Freistaat Bayern ist eine Republik –, und nach jeder Revolution wird nun einmal das gesamte Krongut Staatsbesitz, also Eigentum des Staates".[46] Was das belgische, niederländische, spanische oder englische Königshaus jährlich an Apanage erhalte, sei einfach über den Haushalt zu erfahren. Was das Haus Wittelsbach erhalte, erfahre man hingegen nicht. Interessant sei das aber schon, denn immerhin, so Lohmeier, handele es sich ja praktisch um Steuergelder, die dem Bürger vorenthalten würden. Der Monarchie-Experte schätze die Zuwendung an die Wittelsbacher je-

Noch immer haben die Wittelsbacher Wohnrecht in Schloss Nymphenburg.

Bescheiden und unscheinbar: Das Klingelschild des Ausgleichsfonds.

denfalls so ein: „wahrscheinlich ist das mehr, als das englische Königshaus bekommt". Deren Apanage betrug um 2011 laut einer niederländischen Studie rund 47 Millionen Euro jährlich. Mehr Licht in die Dunkelheit der Fonds-Verwaltung brachte 2014 eine Schriftliche Anfrage der Grünen im Bayerischen Landtag. Aus der Antwort des Finanzministeriums vom 14. Juli 2014 ging hervor, dass das Vermögen des Fonds sich 2013 auf rund 338 Millionen Euro belief. 119 Millionen davon entfielen auf Immobilien, 40 Millionen auf den Forstbesitz. Die jährliche Ausschüttung an die Wittelsbacher betrug seit 2003 im Durchschnitt 13 Millionen Euro.

Nicht alle formulieren ihre Kritik so milde wie der Königsgetreue Lohmeier. Als einen „unsäglichen Restbestand der Monarchie" bezeichnet zum Beispiel der Münchner Aktionskünstler Wolfram P. Kastner vom antiroyalistischen Verein *Das andere Bayern* den Ausgleichsfonds und fordert dessen Abschaffung. Der sei verfassungswidrig und hier gehörten „parlamentarische Schritte" unternommen, fordert der Künstler, der 2011 schon mal anlässlich des 125. Geburtstages des „Märchenkönigs" Ludwig II. an dessen Todesort im Starnberger See zu einer „Bade-Demo" einlud.

Arbeitshäuser für die Armen

Sorgte so der bayerische Landtag 1923 auf Dauer für ein auskömmliches standesgemäßes Einkommen für die Ex-Königsfamilie und ihre Sprösslinge, ließ er sich auch bei den Armen in Bayern nicht lumpen. Denen schenkte er 1926 das „Zigeuner- und Arbeitsscheuengesetz", das zum Beispiel die Einweisung von nichtsesshaften Arbeitslosen in Arbeitshäuser durch die Polizei vorsah, unabhängig von Gerichten. Das zutiefst rassistische Gesetz gibt einen Einblick in das obrigkeitshörige und polizeistaatliche Denken dieser Zeit. Ursprünglich hieß es im Entwurf nur „Zigeunergesetz" und gab so einen Vorgeschmack auf die „Judengesetze" der NS-Zeit. Nach dem am 16. Juli 1926 unter der Regierung Held (Bayerische Volkspartei) verabschiedeten Gesetz konnte gegen „Zigeuner", „Landfahrer" und „Arbeitsscheue" von der Polizei Maßnahmen verhängt werden, vom Vorschreiben der „Reiserichtung" über Aufenthaltsverbote in bestimmten Gemeinden bis zur zweijährigen Einweisung in Arbeitshäuser. Wer „Zigeuner" sei, darüber gebe die Rassenkunde Auskunft. Die Einweisung galt für „Zigeuner" und Landfahrer über 16 Jahren, die keine geregelte Arbeit nachweisen konnten, und für „Arbeitsscheue" über 16 Jahren, die bereits eine Haftstrafe verbüßt hatten und keine Arbeitsbemühungen nachweisen konnten. Diese Maßnahmen konnten alleine von der Polizeibehörde angeordnet werden, eine Berufung vor einem Gericht war nicht möglich, der Rechtstaat für die Betroffenen also praktisch ausgehebelt. Fünf Jahre später sollte eine Dissertation aus Leipzig feststellen, dass es sich bei dem Gesetz um eine „maßlose Ausdehnung der Altersgrenze" handele, die jedem Jugendschutz zuwiderlief. Zudem lasse das Gesetz der polizeilichen Willkür freien Lauf und sei wohl „zum größten Teil ungültig", da es gegen zahlreiche reichsgesetzliche Bestimmungen verstoße.[47]

Es sollen verdiente Personen sein, nach denen in München neue Straßen benannt werden, so will es die Straßennamen- und Hausnummernsatzung von 1988. Die Hilble-Straße im Stadtteil Neuhausen-Nymphenburg zum Beispiel ist nach dem berufsmäßigen Stadtrat und Leiter des Münchner Wohlfahrtsamtes bis 1937, Friedrich Hilble, benannt. Sein Verdienst, so die offizielle Begründung: „Auf seine Initiative hin wurde das Altersheim St. Joseph gebaut." Doch der Hilble-Straße könnte es bald wie der Meiser-Straße ergehen: Sie wurde umbenannt, als der Antisemitismus des evangelischen Landesbischofs aus den 1920er Jahren zum Thema öffentlicher Debatte wurde. Auch Hilble wird Antisemitismus vorgeworfen – und darüber hinaus die willfährige Vollstreckung von Nazi-Gesetzen, ein bislang unterbelichtetes Thema der Stadtgeschichte.

„Wir stehen hier auf dem Gelände der ehemaligen Max-II-Kaserne", sagt Franz Schröther und deutet entlang einer Wohnbebauung. Der 65-Jährige ist Vorsitzender des Vereins *Geschichtswerkstatt Neuhausen*, ein reger Zusammenschluss von Freunden des Stadtviertels. Der Verein macht mit regelmäßigen Publikationen auf sich aufmerksam, zuletzt mit der Herausgabe des Buches *Von der „Aiblingerstraße" bis „Zum Künstlerhof"*, in dem sämtliche Straßennamen im Münchner Stadtteil Neuhausen-Nymphenburg erläutert werden. Darunter ist auch die Hilble-Straße, die in Richtung stadteinwärts kurz hinter dem Leonrodplatz in die Dachauer Straße mündet. Diese Hilble-Straße gibt es erst seit 1956, als die Kriegs-Ruinen der ehemaligen Kaserne weggeräumt waren und eine neue Straße entstand. Heute säumen Wohnblocks aus den 1950er Jahren sowie moderne Betonbauten diese Straße. Hilble sei „ein verdienter Leiter des städtischen Wohlfahrts- und Jugendamtes" gewesen, hieß es damals in der offiziellen Begründung zur Straßenbenennung. Im aktuellen Straßennamenbuch des Geschichts-Vereins liest sich das freilich ganz anders: „Rund 10 Jahre nach der NS-Herrschaft eine Straße nach einem Mann zu benennen, der das System der Nazis und damit den verordneten Antisemitismus stützte und diesen in die

Tat umsetzte, ist eigentlich unverständlich." Hier sei die Stadt am Zuge, diesen „unhaltbaren Zustand" zu ändern.

Denn in mehreren Veröffentlichungen wird inzwischen ein ganz anderes Bild von Hilble gezeichnet. Obwohl kein NS-Parteimitglied, habe dieser, ohne dazu gezwungen zu sein, die „restriktive Behandlung der Juden, denen er die Sozialhilfe verweigerte", verschärft und habe die im NS-Jargon sogenannten „Asozialen" in Arbeits- und Konzentrationslager verbringen lassen. Und in der Tat eröffnet die Beschäftigung mit der Person Hilbles den Blick auf ein bislang weitgehend unbehandeltes Thema der NS-Verfolgung: Die Mithilfe der städtischen Wohlfahrtsbürokratie bei der Durchsetzung der NS-Ideologie und des Terror- und Vernichtungssystems der Nationalsozialisten.

An der Person Hilbles lassen sich die Kontinuitäten bei der Ausgrenzung und Verfolgung von Bevölkerungsgruppen in der Weimarer Republik und der Hitler-Zeit festmachen. Denn der Nationalsozialismus war 1933 nicht vom Himmel gefallen, sondern er kam aus der Mitte der Gesellschaft. Der Unterschied zu kleinbürgerlichen Stammtisch-Parolen aber bestand darin, dass die Nazis daraus tödlichen Ernst machten. So zeigt die Autorin Claudia Brunner in ihrer Studie (*Bettler, Schwindler, Psychopathen*) über die Politik des Münchner Wohlfahrtsamtes in den frühen Jahren der NS-Zeit, dass es bereits vor 1933 eine systematische Ausgrenzung von „asozialen" und „minderwertigen" Personen gegeben hat. 1924 wurde durch Reichsverordnung die Möglichkeit geschaffen, für „Arbeitsscheue" und „unwirtschaftliche Personen" die Sozialleistungen auf das lebensnotwendige Existenzminimum zu beschränken und eine Pflichtarbeit zuzuweisen – Hartz IV hat lange zurückreichende Wurzeln. Und 1931 beklagte bei einer offiziellen Feier der Präsident des Bayerischen Statistischen Landesamtes eine „Entedelung des Volkskörpers", weil statt der Eliten die Proletarier die meisten Kinder bekämen – Sarrazin ist also beileibe keine neue Erscheinung. Die Nationalsozialisten griffen diese vorhandenen Tendenzen auf und verschärften sie: Ab 1934 konnten „arbeitsscheue" Fürsorgeempfänger in das Konzentrationslager Dachau zwangseingewiesen werden. 1938 wurde der „Volkskörper" in einer reichsweiten Razzia von „Bettlern" und Obdachlosen gesäubert, ab 1942 „Asoziale" nach Auschwitz deportiert. „Asozial" war dabei ein weiter, im Grunde undefinierter Begriff, der Landstreicher und Alkoholkranke, politisch Andersdenkende und Prostituierte, „Störenfriede" und „Frauenzimmer" umfassen konnte. Mithin all jene, die durch das jeweils vor Ort existierende angebliche „gesunde Volksempfinden" ausgesondert wurden.

Von dem bayerischen „Zigeuner- und Arbeitsscheuengesetz" machten die „bayerischen Behörden vor 1933 häufigen, nach 1933 geradezu exzessiven Gebrauch", so die Autorin Claudia Brunner, und Wohlfahrtsamt und Polizei arbeiteten dabei Hand in Hand. „Die Eingewiesenen sind im polizeilichen Sammelschubverkehr an die Polizeidirektion München zu verschuben, von wo ihre Überstellung in das Lager Dachau durch die Bayerische Politische Polizei in den für die Schutzhäftlinge vorgesehenen Kraftwagen übernommen wird", heißt es etwa in einem Schreiben des Innenministeriums an die Regierung von Oberbayern.

Die Autorin Brunner charakterisiert Hilble als „Musterbeispiel eines pflichtgetreuen peniblen deutschen Beamten", dessen „Verdienste" in der „unbarmherzigen Durchsetzung nationalsozialistischen Gedankenguts" und der „uneingeschränkten Loyalität gegenüber einem unmenschlichen Regime" bestanden. Bereits vor 1933 hatte der Leiter des Münchner Wohlfahrtsamtes sich als heftiger Befürworter der Pflichtarbeit für Wohlfahrtserwerbslose (was heute Hartz IV entspricht[48]) und von Kürzungen im Sozialbereich hervorgetan. Nach 1933 führte er einen systematischen Kampf gegen angeblich „Arbeitsscheue" und ließ diese „erbarmungslos", so Brunner, verfolgen. So wurde das Münchner Wohlfahrtsamt bayernweit „Spitzenreiter" bei der Einweisung in das KZ Dachau. Einzelne Abteilungen des Amtes, so das Fazit der Autorin, arrangierten sich nach 1933 sehr schnell mit den neuen Verhältnissen und schwenkten von sich aus mit anscheinend „großer Begeisterung und unverhohlener Genugtuung" auf die neue Linie ein. Hilble sei eine „noch tiefere Verstrickung in den Nationalsozialismus" nur durch seinen frühen Tod aufgrund eines Gallenleidens erspart geblieben. Der Bezirksausschuss von Neuhausen-Nymphenburg beantragte auf Anregung der Geschichtswerkstatt beim Münchner Stadtrat eine Überprüfung der Namensgebung der Hilble-Straße. Inzwischen lässt München als erste bundesdeutsche Großstadt in einem breit angelegten Forschungsprojekt die Rolle der Stadtverwaltung während der NS-Zeit untersuchen.

Die behördliche Drangsalierung von Obdachlosen und Arbeitslosen war nur die eine Seite der Medaille. Die andere bestand in der Klassenjustiz, die an den bayerischen Gerichten ebenso wie im ganzen Reich geübt wurde: Das bürgerliche Recht schützte die Besitzenden vor den Armen. Der Nachsicht der Richter gegenüber den Morden und Straftaten der Rechten auf der einen Seite (der Mehrheit unter den Richtern im Deutschen Reich galt die Novemberrevolution als „Hochverrat", was in politischen Strafverfolgungen immer wieder deutlich wurde: Rechtsradikale Straftäter konnten auf Milde rechnen, während Sozialdemokraten und Kommunisten

scharf verfolgt wurden) entsprach die Härte der Urteile gegenüber Angehörige der Arbeiterschicht in Sachen Kleinkriminalität und Bagatelldelikten.

Es ist Freitag, der 16. März 1928, als am Strafgericht München in
der Au der Amtsrichter Pollner das Urteil verkündet: Vier Monate Haft,
schuldig wegen einfachen Diebstahls im Rückfall. Das Urteil gilt der nun
32-jährigen Walburga Weber; eine Frau „hellblond, 1,56 Meter groß, 51,3
kg schwer", wird später in der Akte des Frauengefängnisses Aichach über
den „Häftling 851" zu lesen sein.[49] Der Anstaltsarzt wird in seinem Befund
zudem festhalten: „Oben falsches Gebiß, chronische Mittelohreiterung,
schwerhörig, zu allen Arbeiten geeignet."

Warum Walburga Weber einen Monat nach dem Urteil um 17.45 Uhr
in der Haftanstalt Aichach, dem größte Frauengefängnis in Bayern gut 60
Kilometer nordwestlich von München, ihre Haftstrafe antritt, hat etwas mit
der „Kriminalsekretärsfrau Luise Oberleitner" zu tun. Die will nämlich gesehen haben, wie sich Walburga Weber am 12. Oktober des vorangegangenen Jahres im Münchener Kaufhaus Tietz „an eine Frau herandrängte,
in deren äußeren Manteltasche sie wahrscheinlich Geld vermutete und wie
sie mit der rechten Hand in Richtung gegen die Tasche griff, um daraus
die dort vermutete Geldtasche zu stehlen", so das Gerichtsprotokoll. Zum
Diebstahl kam es zwar gar nicht, was den Richter aber nicht von seinem
Urteil abhielt, hatte Walburga Weber doch auch noch einen Damenhut im
Wert von 10 Mark versucht zu entwenden und war außerdem schon zwei-
mal wegen Taschendiebstahls vorbestraft.

Das alles wäre für das Schicksal von Walburga Weber nicht so bedeutend gewesen, wie wir wissen, hätte Amtsrichter Pollner nicht im Oktober
1927 gegen einen gewissen Adolf Hitler wegen eines Aufrufs zu einer ille-
galen Spendenaktion für die NSDAP verhandelt. Und wäre nicht ein Heinrich Himmler, der mit seiner Frau eine Hühnchenzucht in Waldtrudering
bei München betreibt, von Hitler zwei Jahre später zum „Reichsführer SS"
berufen worden.

Noch aber gibt es mildernde Umstände für die Münchnerin Walburga
Weber, eine zierliche Frau mit eher herben Gesichtszügen. Das Gericht billigt ihr „eine ungünstige wirtschaftliche Lage" und eine „psychopathische
Veranlagung" zum Taschendiebstahl zu, ihr „Hemmungsvermögen" sei
wesentlich beeinträchtigt.

Ihre wirtschaftliche Lage sieht so aus, dass Walburga Weber seit 1926
von ihrem Mann geschieden ist, der ein Trinker sei, wie sie sagt. Aus der
Ehe sind zwei Töchter hervorgegangen, zur Zeit der Verurteilung sieben
und zwei Jahre alt. Sie wachsen bei den Großeltern auf, dorthin ist auch

Walburga Weber nach ihrer Scheidung wieder gezogen. Die Wohnung liegt im Münchner Arbeiterviertel Giesing, zwei von vier Zimmern in einer aufgeteilten Wohnung, ein Kohleofen, ein Ausguss am Flur, insgesamt vier Hinterhöfe.

Weit verbreitet in der Richterschaft und Polizei ist in den 1920er Jahren die Ansicht, dass es ein „Gewohnheitsverbrechertum" oder ein „Berufsverbrechertum" gebe. Diese Personengruppe galt als im Grunde nicht resozialisierbar und würde sich auch durch harte Haftstrafen nicht vor weiteren Straftaten abhalten lassen. Nach Robert Heindl, einem der einflussreichsten Kriminalpolitiker seiner Zeit, helfe hier nur ein völlig neuer Ansatz: die Ausschaltung dieser Gruppe durch vorbeugende und möglichst lebenslange Internierung. Daraus wird dann unter den Nationalsozialisten die Vorbeugehaft und die Sicherungsverwahrung.[50]

Mit Walburga Weber meint es das Leben nicht sehr gut. Am 14. September 1928 wird sie nach vier Monaten um 8.10 Uhr aus der Haft in Aichach entlassen, ein Zugbillet nach München in der Tasche. Nur acht Tage später drängt sie sich am Münchner Viktualienmarkt „vor dem Wurststand an die Hilfsarbeiterfrau Margaret Humpelmeier" und entwendet ihr, so das Gericht, die Geldbörse. Warum die Mutter zweier kleiner Töchter mit Diebstählen immer wieder straffällig wird, bleibt unklar. Bei Vernehmungen verneint sie eine materielle Not, spricht von einem „inneren Drang". Noch einmal billigt ihr Amtsrichter Pollner mildernde Umstände zu, diesmal wegen „geistiger Minderwertigkeit" und „Willensschwäche". Das Urteil lautet ein Jahr Haft.

1926 lernt Heinrich Himmler auf einer seiner Propagandareisen in Bad Reichenhall in einem Kurhotel seine zukünftige Frau, Marga Siegroth, kennen. Das Paar verbindet das Interesse an Heilkräutern und Homöopathie, man träumt von einem gemeinsamen Stück Land, von einer Hühnerzucht, von Gemüse- und Kräuteranbau.[51] Die Verbindung wird zunächst von der Familie abgelehnt – Marga Siegroth ist sieben Jahre älter, geschieden und Protestantin – doch schließlich findet im Juli 1928 in Berlin die Heirat statt. Marga verkauft ihre Anteile an einer Klinik, mit diesem Geld ersteht das Ehepaar ein Holzhaus in Waldtrudering bei München, damals ein abgelegener Vorort. Himmler zimmert noch die Ställe für die Hühnerzucht, ist dann aber wieder für die Partei unterwegs. Im August 1929 wird ihre Tochter Gudrun geboren. In diesem Jahr wird Himmler zum Reichsführer SS ernannt, die Elitetruppe zählt bis Ende des Jahres 1000 Mann, darunter viele Adelige, ehemalige Offiziere und Freikorpsangehörige.

Im Oktober 1929 nahm die Weltwirtschaftskrise mit dem amerikanischen Börsenkrach ihren Anfang. Bereits im Januar 1930 zählte man 2,8 Millionen Arbeitslose in Deutschland, eine Million mehr als ein Jahr zuvor – die Arbeitslosigkeit war in den 1920er Jahren beständig relativ hoch geblieben. Mangels Nachfrage schlossen die Fabriken ihre Tore, Kleinbauern, Handwerker und Kleingewerbetreibende gingen reihenweise in den Konkurs. Die Politik reagierte mit strikten Sparmaßnahmen – und wie sollte man diese Sparpolitik der damaligen Regierung Brüning nicht vergleichen mit den heutigen Auflagen der europäischen Währungshüter in der Euro-Krise an Griechenland, Spanien und Portugal? Und wie kann man vergessen, dass so die Wirtschaft zu Tode gespart, anstatt ihr durch antizyklische Maßnahmen wieder auf die Beine geholfen wird? Und wie können Politiker vergessen, dass, wenn man Menschen ihrer Existenz beraubt, diese radikal werden?

Es war die NSDAP, der die Stimmen der von Arbeitslosigkeit und sozialem Abstieg bedrohten Wähler zuflogen. Vor der Krise war die NSDAP eine winzige, wenn auch radikale Splitterpartei gewesen, bei den Reichstagswahlen 1928 erzielte sie gerade mal 2,6 Prozent der Stimmen. 1930 wurde sie bei den Reichtagswahlen mit 6,4 Millionen Stimmen nach der SPD schon die zweitgrößte Partei. Im Juli 1932 wurde sie mit 37,3 Prozent die stärkste Partei im Reichstag, dies blieb sie auch – wenngleich mit leichten Verlusten – bei der Wahl im November 1932 (33,1 Prozent).

1933 war in München fast jeder Dritte arbeitslos. Suppenküchen versorgten pro Tag 37.000 hungernde Bürger. Überall wurde gespart, den Kommunen brachen die Steuereinnahmen weg. Die SA verkaufte „Stürmer-Klingen" und „Kampf"-Margarine und wurde zu einer Art paramilitärischem Wohlfahrtsverein. Im Januar 1931 zählte die Truppe 77.000 Mitglieder, im August 1932 waren es bereits 471.000.[52]

Hitler wurde am 30. Januar 1933 von Hindenburg zum Reichskanzler ernannt. Am 5. März 1933 errang die NSDAP bei den Reichtagswahl 43,9 Prozent der Stimmen. In Bayern wurde Hitler von 1,9 Millionen Wählern (43,1 Prozent) gewählt. In München erzielte die Partei 37,8 Prozent.[53] Mit dem Ermächtigungsgesetz vom 24. März 1933 war der Nationalsozialismus endgültig an der Macht.

Für Himmler bedeutet der Wahlerfolg vom 1930 den Einzug in den Berliner Reichstag als Abgeordneter der NSDAP. Sein Vater begann daraufhin Ordner anzulegen, um darin die Zeitungsausschnitte einzukleben, in denen der nun sozial aufgestiegene Sohn erwähnt wurde. Anfang 1933 verkauften die Himmlers das Haus in Waldtrudering und bezogen mit der vierjährigen Tochter eine Wohnung in der Münchner Möhlstraße, nahe dem Prinzregentenplatz. Dort unterhielt im zweiten Stock der Hausnummer 16 bereits seit 1929 Adolf Hitler eine geräumige Neun-Zimmer-Privat-Wohnung mit 397 Quadratmetern. Die Miete betrug 4176 Mark pro Jahr, bis die NSDAP das Haus 1936 kaufte.

Auch die Partei war inzwischen umgezogen. Mitte 1931 wurde die Parteileitung aus der Schellingstraße in das „Braune Haus" in der Brienner Straße verlegt. Das großräumige luxuriöse Gebäude war 1828 im Biedermeierstil errichtet worden, das Geld für den Hauskauf stammte von dem Industriellen Fritz Thyssen und dessen amerikanischem Geschäftsfreund Prescott Sheldon Bush, dem Großvater des US-Präsidenten George W. Bush.[54]

Für Walburga Weber nimmt derweilen das Verhängnis seinen Lauf. Am 19. Juni 1931 tritt sie erneut eine einjährige Haftstrafe im Frauengefängnis Aichach an, sieben Tage zuvor hatte sie Richter Pollner am Amtsgericht in der Au wegen zweier kleiner Taschen-Diebstähle am Viktualienmarkt und am Ostfriedhof zu einem Jahr und einem Monat Zuchthaus verurteilt. Im Unterschied zum Gefängnis wird statt alle sechs Wochen nun nur noch alle drei Monate Besuch gewährt, statt alle vier Wochen darf nur noch alle zwei Monate ein Brief nach draußen geschrieben werden. Am 2. April 1932 wird Walburga Weber entlassen, sie hat ein Zugbillet und 17,42 Reichsmark in der Tasche. Ihre zwei Töchter zu Hause sind mittlerweile zwölf und sieben Jahre alt geworden. Walburga Weber kommt in ein München der Weltwirtschaftskrise zurück, bittet den Katholischen Fürsorgeverein in der Au um Arbeit und Unterstützung. Dort ist man nur mehr bereit, sich um „ehrbare" Arme zu kümmern. Walburga Weber sei eine „unverbesserliche Diebin", die für Obsorgetätigkeit nicht mehr in Betracht komme und an die allgemeine Fürsorge zu verweisen sei. „Wahrscheinlich hat sie ihr Entlassungsgeld mit ihrem Geliebten verbraucht", schreibt der Katholische Verein am 5. April 1932 an die Gefängnisleitung.

Der Verein teilt seine abschätzende Haltung der unteren Volksklassen mit dem Münchner Wohlfahrtsamt, bei dem es in der Weimarer Republik eine gängige Praxis war, zwischen „normalen" und „auffälligen" Führsorgeempfängern zu unterscheiden.[55] Schon lange vor 1933 taucht hier der Begriff des „Asozialen" auf, gemeint waren damit Menschen, die von einer enggefassten Verhaltensnorm, so wie sie sich die Behörde vorstellte, abwichen. Besonders als Störer empfunden wurden diejenigen, die gegen die Entscheidungen des Wohlfahrtsamtes protestierten. Bereits seit 1926 konnte das Amt den als „asozial" eingestuften Fürsorgeempfängern die Bargeldunterstützung entziehen und durch Lebensmittelgutscheine ersetzen (die entsprechenden Paragraphen in der heutigen Hartz IV-Gesetzgebung können also stolz auf eine lange Tradition zurückblicken[56]). Die Wirtschaftskrise machte aber eine immer größere Zahl von Menschen von der Unterstützung abhängig, 1930 betreute das Amt 14.175 arbeitslose Fürsorgeempfänger, auf dem Höhepunkt der Krise 1932 waren es 45.316.

Die Machtergreifung der Nationalsozialisten erlebt Walburga Weber im Gefängnis, am 3. Februar 1933 wird sie erneut zu neun Monaten Haft verurteilt. Wieder soll sie einen Taschendiebstahl begangen haben, am 9. Dezember 1932 in der Fleischhalle am Viktualienmarkt aus einer Geldbörse fünf Mark und fünfzig Pfennige entwendet und die Geldbörse zurückgesteckt haben. Walburga Weber leugnet die Tat, die Beweisführung bleibt fadenscheinig. Man billigt ihr „mildernde Umstände" zu, attestiert eine „psychopathische Veranlagung" und eine „augenblickliche Hemmungslosigkeit", sie habe der Versuchung nicht widerstehen können, „eine Ehe mit einem ordentlichen Mann ist vielleicht der beste Halt gegen neue solche Entgleisung". Der „Psychologisch-soziologische Befundbogen" spricht von einem „tiefen Hang zur Begehung von Taschendiebstählen". Immerhin stellt hier das Gericht noch auf ein Verständnis der Taten ab, die sich Walburga Weber selbst nicht erklären kann. Später werden die Richter nur noch den Vernichtungs- und Aussonderungswillen des NS-Staates von sich geben.

Als Walburga Weber am 8. März im Alter von 38 Jahren in Aichach eingeliefert wird, sind ihre Haare inzwischen graumeliert, ihr Ernährungszustand „mäßig" und die Zähne „sehr stark defekt". Sie ist nur noch für „einfache Arbeiten" tauglich. Am 21. Juli 1933 wird ihr von der Anstaltsleitung eröffnet, dass man sie nach Strafende in ein geschlossenes Arbeitshaus einweisen will. Nachdem sie Besserung versprochen hat, wird im August doch davon abgesehen. Ihr Verhalten in der Haft wird als „einwandfrei" und als „fleißig" eingestuft, doch ohne Chance: „Innerer Hang, hochgradige Willensschwäche, verbunden mit ungünstigen wirtschaftlichen Verhältnissen werden sie trotz guten Willens wieder fallen lassen."

Am Dienstag, den 3. Oktober 1933, wird Walburga Weber wieder aus der Haft entlassen, mit 25 Mark in der Tasche. Um 12.27 Uhr verlässt der Zug den Bahnhof Aichach und sie fährt zurück in ein München, in dem nun die Hakenkreuzfahnen von den offiziellen Gebäuden wehen.

Erinnerungsorte

1933 / 1994 / 2010 – Feldherrenhalle

Nach der Machtergreifung der Nationalsozialisten wurde die feierliche
Nachinszenierung des Hitler-Putsches vom 8./9. November 1923 ein fester
Bestandteil brauner Kultveranstaltungen. An der Ostseite der Feldherrnhalle hatten die Nazis eine bronzene Plakette mit den Namen der „Märtyrer"
der Bewegung, also der von der Polizei bei dem Putschversuch Erschossenen, angebracht. Über der Plakette befand sich ein von einem Kranz um-
rahmter Adler, vor der Plakette eine Wache von zwei bewaffneten SS-Män-
nern. Wer daran vorbeiging, musste bei Strafe der Verhaftung den Hitlergruß
erbringen. Einen Ausweg bot die Viscardi-Gasse, genannt „Drückeberger-
Gassl", über die man von der Residenzstraße hinter der Feldherrnhalle zur
Theatinerstraße und so auf den Odeonsplatz gelangte. 1935 wurden in einer
bizarren Kultfeier die wieder ausgegrabenen Leichname der „Märtyrer"
vom Odeonsplatz zu den zwei neuen, im griechischen Stil errichteten „Ehrentempeln" am Königsplatz verbracht und dort in Sarkophagen beerdigt.
Jedes Mal, wenn ein Sarg im „Tempel" verschwand, wiederholte NS-
Gauleiter Adolf Wagner laut den Namen des Toten, ebenso wie die beiwoh-
nende Menschenmenge. Zum Schluss der Zeremonie legte Hitler in den
„Tempeln" Kränze ab. 1945 wurde auf Anordnung der amerikanischen Besatzungsmacht die Plakette am Odeonsplatz entfernt und die Tempel am
Königsplatz geschleift, die Toten erneut auf Friedhöfen bestattet.

Anfang der 1990er Jahre erinnerte der Münchner Rechtsanwalt Otto
Gritschneder an die bei dem Hitler-Putsch am Odeonsplatz getöteten vier
Polizisten Friedrich Fink, Nikolaus Hollweg, Max Schoberth und Rudolf
Schraut – der Stadtrat solle eine Gedenktafel errichten. Der 1914 an der
Schwanthaler Höhe in München geborene Gritschneder studierte während
der 1930er Jahre Rechtswissenschaft an der Ludwig-Maximilians-Univer-
sität, die Zulassung als Rechtsanwalt wurde ihm 1939 aber wegen „poli-
tischer Unzuverlässigkeit" verweigert. Nach 1945 publizierte er mehrere
Bücher zum Hitler-Prozess (*Bewährungsfrist für den Terroristen Adolf H.
Der Hitler-Putsch und die bayerische Justiz*) und zur Rechtsprechung im
Dritten Reich (*Furchtbare Richter. Verbrecherische Todesurteile deutscher
Kriegsgerichte*).

Der Münchner Stadtrat unterstützte 1993 die Errichtung eines Denkmals, was freilich auf wenig Gegenliebe beim bayrischen Innenministerium stieß, das die Anbringung einer Tafel an der Feldherrnhalle ablehnte.

Ähnlich wie bei Eisner sah sich die Stadt somit gezwungen, an die republiktreuen Toten mit einer Bodenplatte auf dem Odeonsplatz zu erinnern. „Ich hoffe nicht, dass es in München Gewohnheit bleibt, zwar Könige oder Künstlerpersönlichkeiten mit großen Denkmälern zu ehren, nicht aber jene, die von rechten Gewalttätern niedergestreckt wurden", brachte damals Münchens Oberbürgermeister Christian Ude (SPD) die bayerische Erinnerungskultur auf den Punkt.

Erst 2010 genehmigte das Innenministerium eine Gedenktafel an der Westfassade der Residenz am unmittelbaren Schauplatz der Schießerei. In der Residenz war die zweite Hundertschaft untergebracht, der die vier Getöteten angehörten. Unter Führung von Michael Freiherr von Godin hatten 130 Polizisten den Odeonsplatz gegen die anmarschierenden Nazis abgeriegelt. Bei der Einweihung der Gedenktafel meinte der damalige Innenminister Joachim Herrmann (CSU), man bekämpfe ebenso die rechte wie linke Gewalt und Bayern zähle zu den Bundesländern, die am geringsten mit rechtsextremistischer Gewalt belastet seien. Wie hohl diese Aussage war, wurde ein Jahr später deutlich, als fünf in Bayern verübte Morde dem *Nationalsozialistischen Untergrund* (NSU) zugeschrieben werden mussten.

Die Inschrift der Tafel hat folgenden Wortlaut: „Im Gedenken an die Angehörigen der Bayerischen Landespolizei, die bei der Niederschlagung des nationalsozialistischen Putschversuchs am 9. November 1923 an der Feldherrnhalle erschossen wurden Friedrich Fink Polizei-Oberwachtmeister Nikolaus Hollweg Polizei-Unterwachtmeister Max Schoberth Polizei-Hilfswachtmeister Rudolf Schraut Polizei-Hauptmann."

Münchens Bierkeller

Die Münchner Bierkeller sind höchst politische Orte. In ihnen begann die Novemberrevolution und sie spielten in der Räterevolution eine große Rolle, als Hauptquartier der Arbeiter- und Soldatenräte, als Hinrichtungsort und Quartier der Weißen Truppen der Gegenrevolution. In der Weimarer Republik beginnt in diesen Bierhallen der Aufstieg des begabten Demagogen Adolf Hitler, hier werden Putschversuche gestartet und Attentate verübt, sie sind der Schauplatz blutiger Saalschlachten zwischen Linken und Nationalsozialisten, später werden diese dort ihre Siege feiern. Wie eng der Zusammenhang zwischen Bierkrügen, Schweinebraten und Politik war und ist, zeigte eine halbherzige Maßnahme der bayerischen Staatsregierung, um die nationalsozialistische Bewegung im Zaum zu halten – sie verhängte ein Ausschank- und Verzehrverbot für Nazi-Versammlungen. Es war allerdings wenig wirksam: Die Braunhemden tranken und aßen dann halt vor der Kundgebung.

Von der Vielzahl der Keller aus dieser Zeit sind heute nur noch einige übriggeblieben. Das Hofbräuhaus am Münchner Platzl ist sicherlich das international bekannteste dieser großen Bierlokale. In der sogenannten Schwemme „tanzt der Bär", wie es neudeutsch heißt, und sie ist Anlaufstation für Touristen aus aller Welt. Trotzdem kann der Innenhof im Sommer eine schattige Bier-Oase sein. Im Hofbräuhaus hatte am 24. Februar 1920 die erste Massenversammlung der NSDAP stattgefunden. Überlebt haben auch der Hofbräukeller am Wiener Platz, der Löwenbräukeller am Stiglmaierplatz (hier ließ Hitler im September 1921 eine Versammlung des Bayernbundes sprengen, wofür er wegen Landfriedensbruch zu drei Monaten verurteilt wurde), der Augustiner-Keller in der Arnulfstraße 52 (auch hier wieder ein Innenstadt-Biergarten mit Atmosphäre) oder der Paulaner-Bierkeller am Nockherberg (er ist heute Schauplatz eines vom Bayerischen Rundfunk übertragenen „Politiker-Derbleckens", also einer mal mehr ironisch kritischen und mal eher zahnlosen Kritik an der bundesdeutschen und bayerischen Politik). Die meisten Bierkeller sind inzwischen ein- oder mehrere Male abgebrannt und wieder aufgebaut. An die Stelle des berühmt-berüchtigten Bürgerbräukellers am Rosenheimer Platz ist seit den 1980er Jahren das „Gasteig" getreten, ein Kulturkomplex mit Stadtbibliothek, Philharmonie und Volkshochschule.

1923 / 1956 Das „Freikorps Oberland"-Denkmal in Schliersee

Das Freikorps Oberland war ein im April 1919 zur Bekämpfung der bayerischen Räterepublik aufgestellter rechter militärischer Verband, der an der blutigen Besetzung Münchens teilnahm. 1920 war es bei der Niederschlagung des Ruhraufstandes dabei, 1921 bei der Erstürmung des Annaberges in Oberschlesien (dabei ging es um bewaffnete Konflikte zwischen polnischen Aufständischen, die für eine teilweise Angliederung Oberschlesiens an die polnische Republik kämpften, und deutschen Freikorps). Aus dem Freikorps wurde im Oktober 1921 der paramilitärische Verband Bund Oberland. Er verfolgte antirepublikanische, völkische Ziele und kooperierte eng mit der NSDAP. Der Verband war 1923 an Sabotageakten im Ruhrgebiet gegen die französische Besatzungsmacht und an den Münchner Putschversuchen vom 1. Mai und 9. November 1923 beteiligt.

Am 30. September 1923 wurde bei der St. Georg-Kapelle auf dem Weinberg in Schliersee unter der Anwesenheit General Ludendorffs und des SA-Führers Hermann Göring ein Denkmal für das Freikorps enthüllt,

Das Freikorps-Denkmal an der St. Georg-Kapelle auf dem Weinberg in Schliersee.

während völkische Verbände mit Hakenkreuzfahnen und Reichskriegsflaggen postierten. Wenig später sollte das Freikorps mit Hitler zur Münchner Feldherrnhalle marschieren. 1945 ließen die Amerikaner das Denkmal, das zum faschistischen Pilgerort geworden war, sprengen, doch 1956 wurde an der Außenmauer der Kapelle erneut eine Gedenktafel angebracht. Jahrzehntelang fand hier jeweils im Mai eine braune „Annaberg-Gedenkfeier" statt, an der auch Gudrun Burwitz, die Tocher von Heinrich Himmler, teilnahm. Organisiert wurde das Treffen gemeinsam von der Landsmannschaft der Oberschlesier und der rechtsextremen *Kameradschaft Freikorps- und Bund Oberland*. Diese Kameradschaft bezieht sich auf das historische Freikorps Oberland und gab ein Mitteilungsblatt *Der Oberländer* heraus. Auch 2012 fand diese umstrittene Annaberg-Gedenkfeier statt, wie schon im Jahr zuvor wurde ein Kranz des *Stahlhelm – Bund der Frontsoldaten* an der Kapelle abgelegt. Das *Bündnis gegen rechtsextreme Umtriebe im Oberland* (dazu gehören die SPD, die IG Metall, die Grünen) fordert die Entfernung der Gedenktafel und hat eine Broschüre über das Freikorps herausgebracht.[57]

Ein Spaziergang auf den Spuren der Weimarer Zeit

Beginnen wir den Rundgang „Am Neudeck" am Mariahilfplatz in der Au. Ähnlich wie das Arbeiterviertel Giesing war die Au ein Wohngebiet für die weniger Betuchten, die in den Gewerbebetrieben entlang des Auer Mühlbaches arbeiteten.

Am Neudeck befindet sich heute das Landratsamt München, das Gebäude beherbergte vor 1956 das Amtsgericht München, in dem sich sowohl Walburga Weber als auch Adolf Hitler vor den Richtern verantworten mussten. Dahinter und entlang des Mühlbaches befand sich das Frauen- und Jugendgefängnis, heute wird nach dessen Auflassung über die künftige Nutzung des Gebäudes debattiert. Vom ehemaligen Amtsgericht geht der Blick auf den Mariahilfplatz und die Mariahilfkirche, die im Zweiten Weltkrieg schwer beschädigt wurde. Dreimal im Jahr findet auf diesem Platz die Auer Dult statt, mit Fahrgeschäften, einem Geschirr-Markt und Antiquitäten-Buden, im Gegensatz zum mittlerweile internationalen „Bier-Dirndl-und-Lederhosen-Event" des Oktoberfestes hält sich hier hartnäckig ein gewisser lokaler Vorstadt-Charme.

Wir laufen quer über den Platz und bevor wir dem Auer Mühlbach folgen, wagen wir einen Abstecher in die nahe Zeppelin-Straße Nr. 41. Dort wurde am 4. Juni 1882 Valentin Ludwig Fey geboren, bekannt als der Komiker Karl Valentin. In Filmen und Theaterstücken entwickelte der spindeldürre Münchner zusammen mit seiner Partnerin Liesl Karlstadt einen skurrilen, anarchistisch-absurden Humor („Hoffentlich wird es nicht so schlimm, wie es jetzt schon ist"). Anders als der Volkssänger Weiß Ferdl, der den Hitler-Putschisten ein wohlwollendes „Gstanzl" widmete („Sagt, was haben die verbrochen? Soll es sein gar eine Schand, Wenn aus Schmach und Not will retten, Man sein deutsches Vaterland?", 1924), stand Valentin dem Nationalsozialismus distanziert gegenüber, er starb 1949 verarmt an Lungenentzündung.

Die ehemalige Au lässt sich auch heute noch ein wenig in den kleinen Gässchen zwischen der Gebsattelstraße und der Rosenheimer Straße erahnen. In der Franz-Prüller-Straße standen früher die durch den Auer Mühlbach versorgten Gewerbegebiete, am Kegelhof 3 findet sich noch heute das Gebäude der „München-Dachauer-Papierfabrik", das heute ein Jugendzentrum beherbergt. Am Paulanerplatz gründete 1789 der später zum Graf Rumford geadelte Benjamin Thompson in einer brachliegenden Tuchfabrik ein Arbeits- und Armenhaus, in das Bettler und verwahrloste Kinder zwangseingewiesen wurden. Ernährt wurden sie mit der „Rumford-Suppe" aus Erbsen, Graupen oder Kartoffeln.

Charakteristisch für die Au waren die sogenannten „Herbergen", wild zusammengebaute und zusammengewürfelte Anwesen, in denen ganze Stockwerke oder auch nur einzelne Zimmer und Kammern quasi den Status von „Eigentumswohnungen" hatten. Die Wohneinheiten waren durch verschiedene Treppen und Aufgänge voneinander getrennt. Ein Großteil der Gebäude wurde in den Bombenangriffen 1943 und 1944 zerstört.

Die Hauptstraße der Au war die Lilienstraße, die nördlich in die Rosenheimer Straße mündet. Von dort geht es rechter Hand hinauf auf den Rosenheimer Berg, an dem sich im 19. Jahrhundert die mehr als 50 Bierkeller der Münchner Brauereien befanden. Neue Kühlverfahren und ein Konzentrationsprozess im Brauereiwesen ließ diese Keller verschwinden, an ihre Stelle traten die großen Bierburgen der Aktiengesellschaften. Dazu gehörte auch der berühmt-berüchtigte Bürgerbräukeller an der Stelle des heutigen Kulturzentrums Gasteig. Seine Lage lässt sich anhand des Georg-Elser-Denkmals rekonstruieren, dort wo sich heute (vor dem GEMA-Gebäude) die Boden-Gedenkplatte befindet, stand damals die Säule im Bürgerbräukeller, in der Elser im November 1939 die Bombe für Hitler eingebaut hatte.

Doch unser Spaziergang fußt auf dem Jahre 1923, als Hitler hier die Regierung für gestürzt erklärte und am 9. November seinen Marsch zur Feldherrnhalle begann. Während eine Kapelle den „Badenweiler Marsch" spielte, formierte sich an dem kalten Novembermorgen die Putschistenkolonnen und marschierten gegen Mittag die Rosenheimer Straße hinab Richtung Isar. Die Männer hatten eine feuchtfröhliche Nacht in dem Bierkeller hinter sich, später schickte der Bürgerbräukeller der NSDAP nicht nur eine gesalzene Rechnung über reichlich getrunkenes Bier und Speisen, sondern auch über 143 zerbrochene Bierkrüge, 80 Gläser und 98 Hocker sowie über 148 abhanden gekommene Bestecke.[58]

Folgen wir heute der Marschroute, so sehen wir rechter Hand den Jugendstilbau des Müllerschen Volksbades (elf Jahre später sollte „Personen nichtarischer Abstammung" der Besuch öffentlicher Schwimmbäder verboten werden) und linker Hand den Gebäudekomplex des Deutschen Museums (dort wurde 1936 die „große antibolschewistische Schau" gezeigt), und gelangen schließlich auf die Ludwigsbrücke. Dort hatten die Putschisten eine Einheit der Landespolizei überrannt, die die Brücke absperren sollte. Der Marsch ging weiter in Richtung Tal bis zum Marienplatz, später dann von dort über die Theatinerstraße, die Perusastraße und in die Residenzstraße, bis an der Einmündung zum Odeonsplatz der Hitler-Putsch am entschlossenen bewaffneten Widerstand der Polizei scheiterte.

3. München unter dem Nationalsozialismus

Die Barbarei der Nationalsozialisten entsprang einem autoritären Obrigkeitsstaat, der auch in der Weimarer Republik nicht überwunden war, sie entsprang aber auch dem humanistischen Gymnasium und die Verbrechen geschahen inmitten einer europäischen „Kulturnation". „Nichts ist eines Kulturvolkes unwürdiger, als sich ohne Widerstand von einer verantwortungslosen und dunklen Trieben ergebenen Herrscherclique 'regieren' zu lassen", wird es später in dem ersten Flugblatt der Widerstandsgruppe *Weiße Rose* heißen. Nach dem Untergang des „Dritten Reiches" wird die Weltöffentlichkeit fassungslos von den Leichenbergen der Konzentrationslager Kenntnis nehmen, die in dem Land der Dichter und Denker von einer Generation von Richtern und Henkern aufgehäuft wurden. Die Taten der Nazis werden als Kulturbruch verstanden, in dem die Vision der Moderne versinkt. Auschwitz wird zum Synonym und Symbol für die Gegen-Aufklärung, für einen Abgrund, an dessen Ränder die Menschheit gestoßen wird und in dem Abermillionen Juden, Kommunisten, Sozialdemokraten, Sinti und Roma, Flüchtlinge, Homosexuelle, Zeugen Jehovas, Unangepasste und andere verschwinden. Heinrich Himmler als Absolvent eines dieser humanistischen Gymnasien wird ihr Henker sein, jung, gnadenlos, mit seinem Zwicker immer noch an einen Pennäler erinnernd, mit seiner schwarzen SS-Uniform furchteinflößend, und nichts, gar nichts, macht den Massenmörder sonst erkennbar.

Und Walburga Weber hat sich nie träumen lassen, dass eines Tages jemand wie Adolf Hitler und Heinrich Himmler daherkäme. Der eine tätschelt gerne Schäferhunde, der andere interessiert sich für biologischen Anbau. Der eine schickt Millionen Soldaten in den Tod, der andere tötet Millionen Menschen in seinen Konzentrationslagern. Die Münchner Arbeiterin Walburga Weber wird – unter Millionen anderen – das Opfer des Münchner Gymnasialabsolventen und kurzzeitigen Hühnerzüchters Heinrich Himmler werden.

Machtergreifung in Bayern

In Bayern hatte Heinrich Held von der Bayerischen Volkspartei (BVP) nach dem Rücktritt von Eugen Ritter von Knilling seit Juni 1924 das Amt des Ministerpräsidenten inne. 1925 hatte ihm Hitler versichert, seine Ziele nur noch auf legalem Wege erreichen zu wollen, worauf Held die verbotene NSDAP wieder zuließ. Am 9. März 1933 eröffnete der inzwischen durchaus auf legalem Wege zur Macht gekommene Hitler dem bayerischen Ministerpräsidenten, dass dieser abgesetzt sei und General Ritter von Epp – bekannt aus der Niederschlagung der Räterevolution – als Reichskommissar die Regierungsgeschäfte übernehme. Drei Tage später flog Hitler von Berlin nach München und legte vor der Feldherrnhalle zu Ehren der 1923 beim Putsch getöteten Parteigänger einen Kranz nieder, auf der Schleife war zu lesen: „Und ihr habt doch gesiegt!"

Die Nationalsozialisten verstärkten von nun an den Druck auf Münchens Oberbürgermeister Karl Scharnagl von der BVP, der das Amt seit 1926 innehatte. Im *Völkischen Beobachter* wurde sein Rücktritt gefordert, dem schloss sich der neue kommissarische Innenminister und Gauleiter Adolf Wagner, der starke Mann hinter Reichskommissar Epp, an. Am 20. März 1933 trat Scharnagl schließlich zurück, Karl Fiehler von der NSDAP wurde zum kommissarischen Ersten Bürgermeister von München ernannt. Auch die „Geburtsstadt der Bewegung" war nun in den Händen der Nationalsozialisten.

Bereits am 9. März hatte Epp Heinrich Himmler zu seinem ersten Amt verholfen, er ernannte ihn zum kommissarischen Polizeipräsidenten von München. Damit begann seine steile Karriere als Massenmörder. Schon am 13. März hatte die Politische Polizei damit begonnen, auf dem Gelände einer ehemaligen Pulverfabrik in Dachau ein Lager für Schutzhaftgefangene einzurichten. „Schutzhaft" war die Bezeichnung für willkürliche Verhaftung und Einlieferung in das KZ ohne Richter. Die Razzien der Polizei richteten sich nach der Machtübernahme vor allen gegen Kommunisten und Sozialdemokraten, aber auch 280 Münchner Juden wurden in Schutzhaft genommen.

Als am 11. April das Lager von der Schutzpolizei an die SS übergeben wurde, begann das Morden, dem zunächst vier jüdische Häftlinge zum Opfer fielen. Weitere Morde folgten, Häftlinge starben an den Folgen von Misshandlungen oder wurden erschossen. Doch noch war staatlicher Mord nicht alltäglich, noch ermittelte die Staatsanwaltschaft wegen der ihnen bekannt gewordenen Todesfälle. Himmler musste daraufhin den Lagerkommandanten Hilmar Wäckerle austauschen. Obwohl Reichsstatthalter Epp eine juristische Aufklärung der Mordfälle forderte, verliefen die Ermittlungen im Sande. Von da an wurden die Morde in Dachau als Selbstmord oder Fluchtversuch getarnt.

Der so legalisierte Terror holte auch die überlebenden Protagonisten der Münchner Räterepublik ein. Erich Mühsam wurde in Berlin nach der Machtergreifung 1933 von der SA verhaftet und in das Konzentrationslager Oranienburg gebracht, wo er 1934 schließlich von der SS ermordet wurde. Seine Ehefrau Zenzl flüchtete daraufhin nach Moskau ins Exil, doch 1936 wurde sie dort wegen „trotzkistischer Tätigkeit" verhaftet. Nach fast 20 Jahren in sowjetischen Straflagern wurde sie 1954 in die DDR entlassen – ihre Geschichte ist Teil der Tragödie und des Elends der Linken. Else Eisner war nach der Ermordung ihres Mannes Kurt Eisner aus München in das Badische geflohen. Nach der Machtergreifung der Nationalsozialisten ist die Familie erneut auf der Flucht und rettet sich nach Frankreich. Im Juni 1940 begeht Else Eisner, eingeschlossen von dem Vormarsch der deutschen Truppen, in der ostfranzösischen Kleinstadt Dole Selbstmord. Auch Ernst Toller emigriert, nach Kalifornien. 1939 nimmt er sich in einem New Yorker Hotel das Leben.

Für Himmler war das Amt des Münchner Polizeipräsidenten nur ein erster Schritt auf dem Weg zur Macht. Mit einem „überraschenden Maße"[59] an diplomatischem und machtpolitischem Geschick gelang es ihm, in dem unübersichtlichen Terrain der Graben- und Machtkämpfe zwischen den unterschiedlichsten nationalsozialistischen Gruppen Gelände zu gewinnen, im April 1934 übernahm er die preußische Polizei und zog von München nach Berlin, die SS-Führung folgte ihm nach. Ab 1937 bewohnte er als Dienstwohnung eine Villa mit vierzehn Zimmer in Dahlem.

Walburga Weber ist 39 Jahre alt, als sie an einem Tag im Oktober 1934 um 5.45 Uhr erneut eine Haftstrafe in der Frauenjustizvollzugsanstalt Aichach antritt. Diesmal ist sie zu zwei Jahren Zuchthaus in Einzelhaft verurteilt worden. Wieder geht es um Taschendiebstahl, sie habe am 8. August 1934 vormittags im städtischen Leihhaus an der Augustenstraße eine Geldbörse mit 31 Reichsmark entwendet, so die Anklage.

Mittlerweile hat trotz des relativ jungen Alters ihre Gesundheit gelitten. Der ärztliche Bericht des Anstaltsarztes konstatiert: „Mäßiger Kräfte- und Ernährungszustand" und Schwerhörigkeit. Die 39-Jährige ist „zu schweren Arbeiten nicht tauglich". Zuletzt bezieht Walburga Weber mit ihren beiden

Töchtern, 14 und neun Jahre alt, eine monatliche Wohlfahrtsunterstützung
von 15 Reichsmark, sie wohnen nach wie vor bei den Großeltern.

Im gleichen Herbst 1934 gibt Heinrich Himmler die Münchner Wohnung auf, die Familie bezieht in Gmund am Tegernsee ein neues Anwesen,
das Haus Lindenfycht. Es liegt nur fünf Straßenkilometer vom Kurhotel
Hanselbauer in Bad Wiessee entfernt. Dort hatte Hitler ein paar Monate zuvor, am 30. Juni, höchstpersönlich im Morgengrauen den SA-Führer Ernst
Röhm und dessen Männer aus den Betten geholt und verhaften lassen. Es
war der Beginn der Abrechnung mit der SA, die auf eine „zweite Revolution" drängte und die Alleinherrschaft des „Führers" herausforderte. Eine
Station der Mordaktion war das berüchtigte Münchner Gefängnis Stadelheim, dessen Boden bis zum Ende des Krieges mit dem Blut tausender
Enthaupteter getränkt sein wird. Am Abend werden dort in einem Innenhof
sechs SA-Leute durch ein Hinrichtungskommando erschossen. Gemordet
wird auch in Berlin und nebenbei werden auch ein paar alte Rechnungen
beglichen: Der 71-jährige Gustav von Kahr, der sich beim Hitlerputsch quer
gestellt hatte, wird in Dachau zu Tode gefoltert. Am 1. Juli wird schließlich
auch Hitlers alter Kampfgefährte Ernst Röhm in seiner Zelle in Stadelheim
erschossen. Damit ist das Schicksal der SA besiegelt, die ab jetzt nur noch
im Schatten der SS weiterexistiert.

Nazi-Bauten in München

Die Nationalsozialisten begannen auch baulich die Stadt zu verändern. Am
15. Oktober 1933 legte Hitler den Grundstein für das „Haus der Deutschen
Kunst" an der Prinzregentenstraße, das 1937 mit pompösen Feierlichkeiten
eingeweiht wurde, darunter ein Festzug „2000 Jahre deutscher Kultur".
Weiter östlich wurde von 1937 bis 1938 das Luftgaukommando VII erbaut
(Prinzregentenstraße 26-28). An dem Gebäude findet sich heute noch die
nationalsozialistische Bilderwelt in Form von steinernen Adlern und Wehr-
machtshelmen, dort hat jetzt das bayerische Wirtschaftsministerium seinen
Sitz. Jenseits der Isar wurde 1942 bis 1944 in der Prinzregentenstraße 99-
113 ein Versuchsbau für eine neue „Südstadt" errichtet: Ein Wohnblock mit
integriertem Luftschutzbunkern an den Blockecken. Im Norden der Stadt
entstand von 1934 bis 1938 die SS-Kaserne an der Ecke Neuherberg- und
Ingolstädterstraße. In dem „riesigen fünfgeschossigen Gebäudeblock" war
die SS-Verfügungstruppe „Deutschland" untergebracht, die als Parteiarmee

Nationalsozialistische Prunkarchitektur an der Arcisstraße: Das Innere des „Füh-rerbaus", heute Musikhochschule.

direkt dem Befehl Hitlers unterstand.[60] Sie ging 1940 in der Waffen-SS auf. Heinrich Himmler war beim Richtfest am 7. November 1935 dabei. Die weithin sichtbare Großkaserne am nördlichen Zugang zur Stadt signalisier-te die Herrschaft der SS über München. Heute ist dort die Bundeswehr un-tergebracht.

Im Zentrum von München wurde das Areal um den Königsplatz als Hauptquartier der NSDAP umgebaut. Der Platz selbst wurde mit 20.000 Granitplatten versehen und diente so als Aufmarschzone für die Partei. An der Ostseite wurden zwei Ehrentempel für die exhumierten Toten des Hitler-Putsches errichtet, dahinter an der Arcisstraße und Meiserstraße die Monumentalbauten des Führerbaus und des Verwaltungsbaus der NSDAP. Heute befinden sich dort die staatliche Musikhochschule und das Zen-tralinstitut für Zeitgeschichte. Das davon östlich gelegene Areal um die Karlstraße, Barer Straße, Karolinenplatz und Brienner Straße beherberg-te zahlreiche NSDAP-Partei-Organisationen, darunter das „Hauptamt der Volksgesundheit der NSDAP" (Karlstraße 21), die Deutsche Arbeitsfront (Karolinenplatz 6) oder den NS-Studentenbund (Barer Straße 6-20). Am

Der Königsplatz in München war Aufmarschareal der Nationalsozialisten.

Rande dieses Parteiviertels wurde 1938 bis 1941 das Oberfinanzpräsidium München erbaut. An seiner Fassade an der Sophienstraße 6 prangt noch immer das nationalsozialistische Hoheitszeichen des steinernen Adlers mit ausgebreiteten Schwingen, freilich wurde das Hakenkreuz entfernt.

Ein weiteres monumentales NS-Gebäude findet sich in der Tegernseer Landstraße 210. Hier wurde 1935 die Reichszeugmeisterei der NSDAP für die Beschaffung von Uniformen und Hakenkreuzfahnen errichtet. Ab 1945 wurde das Gebäude von der US-Armee genutzt, heute befinden sich dort Dienststellen der bayerischen Polizei.

Die größte architektonische „Leistung" der Nationalsozialisten war freilich, dass München wie die meisten deutschen Großstädte 1945 eine in Schutt und Asche gelegte Ruinenstadt geworden war. Rund die Hälfte aller Wohnbauten wies schwere Bombenschäden auf, die Innenstadt war zu 90 Prozent zerstört. Und eine andere architektonische Spezialität der Nationalsozialisten ist nicht zu vergessen: Der Bau von Konzentrationslagern und ihren Außenstellen, 197 davon wurden für das KZ Dachau gezählt. 39 dieser Außenlager wurden in München eingerichtet, darunter das Lager München-Allach bei BMW und das Lager München-Giesing bei Agfa an

Das Gebäude der ehemaligen Reichszeugmeisterei an der Tegernseer Landstraße 210.

der heutigen Weißenseestraße 7-15. Hier waren seit September 1944 rund 500 Frauen untergebracht, die bei Agfa Bombenzünder herstellen mussten. Auch diese Frauen wurden am 27. April 1945 auf den Todesmarsch nach Wolfratshausen geschickt, wo sie am 1. Mai von US-Soldaten befreit wurden.

Walburga Weber wird am Sonntag, den 9. August 1936, aus der Haft in Aichach entlassen. Es war der Tag, als der schwarze Amerikaner Jesse Owens bei den Olympischen Spielen der Nazis in Berlin seine vierte Goldmedaille gewann. Am Tag zuvor hatte die Anstaltsleitung unter dem Vermerk „Eilt sehr" an das Bezirksamt Aichach geschrieben, Walburga Weber habe bei den „heutigen Entlassungsverhandlungen" ein „sehr freches Verhalten an den Tag" gelegt und zeige somit „ihr während der Strafhaft sorgfältig verstecktes Wesen". Das Anliegen der Vollzugsanstalt: „Sie ist nach ihrer ganzen Persönlichkeit reif für das Arbeitshaus." Zwar bescheinigte das Bezirksamt, Walburga Weber sei (wegen einiger Taschendiebstähle von jeweils wenigen Reichsmark!) eine „äußerst gefährliche Gewohnheitsverbrecherin", lehnte aber trotzdem noch eine Einweisung in das Arbeitshaus ab.

Nazi-Bauten und Denkmalschutz

Ein Interview von 2011 mit Prof. Johannes Greipl, damals General-konservator des Bayerischen Landesamtes für Denkmalpflege

Nationalsozialistische Bauten – was bedeutet das für den Denkmal-schutz?

Prof. Johannes Greipl: Das bedeutet nichts anderes wie bei anderen Bau-denkmälern auch. Wenn es sich um Bauwerke handelt, die aufgrund ihrer geschichtlichen, städtebaulichen, künstlerischen Bedeutung wichtig sind als Zeugen, so dass ihre Erhaltung im Interesse der Allgemeinheit liegt, so werden sie unter Denkmalschutz gestellt.

Aber es liegt schon auch etwas Besonderes im Umgang mit diesen Bau-ten?

Da muss man das einzelne Objekt ansehen. Wir haben eine Bandbreite derartiger Bauwerke an Täter- und Opferorten: Vom Rüstungsbetrieb mit Zwangsarbeitern über das Konzentrationslager wie Dachau oder Flossen-bürg bis hin zu Repräsentationsbauten wie das Haus der Kunst in Mün-chen und das Reichsparteitagsgelände in Nürnberg. Und schließlich den Obersalzberg als Täterort von großer Bedeutung.

Ist nicht gerade der Obersalzberg ein Beispiel für das Spannungsfeld zwi-schen Nutzung und Denkmalschutz?

Auch bei der Frage der Nutzung dieser Bauten gibt es eine große Band-breite. Nach dem Krieg war es so, dass manche dieser Bauten mit anderen Zwecken weitergenutzt wurden, zum Beispiel von den amerikanischen Besatzungskräften als Sammelstelle für Raubkunst. Es gab auch den An-satz, dass ideologisch hoch belastete Bauten wie die Ehrentempel am Kö-nigsplatz gesprengt wurden. Die Ruine des Berghofes am Obersalzberg wurde ebenfalls gesprengt. Andere Einrichtungen wurden von den Ame-rikanern als Erholungsort genutzt. In den Baracken von Flossenbürg wa-ren zunächst Flüchtlinge untergebracht, später wurden sie abgerissen. An-dere Orte wurden wiederum schon früh als Gedenkstätte gestaltet.

Aber war es beim Obersalzberg nicht so, dass bei der Errichtung des dortigen Nobel-Hotels in den 1990er Jahren Kriterien des Denkmalschutzes missachtet wurden?

Der Obersalzberg war bis dahin in der Zuständigkeit der Amerikaner und wurde dann dem Freistaat übergeben. Dokumentationszentrum und Hotel sollten sowohl der Erinnerung als auch der Freizeitnutzung dienen. Wir hatten auf dem Obersalzberg in den 1970er Jahren eine Reihe von Gebäuden als Denkmäler festgestellt, doch die Staatsregierung hat sich dann über die Denkmals-Vorgaben bewusst hinweggesetzt. Auf Bauwerke als Zeitzeugen hat man bewusst verzichtet. Das konnte nicht unsere Zustimmung finden. Wir sind froh, dass wir jetzt soweit sind, das, was dort an Resten noch da ist, zu erfassen.

Was hat das Landesamt für Denkmalschutz für generelle Rechte?

Wir handeln im Auftrag der Gesellschaft. Wenn wir von einem Objekt wissen, dann prüfen wir das und erstellen ein Gutachten und stellen es unter Denkmalschutz.

Und wie war das mit der Siedlung auf dem Gelände des Bundesnachrichtendienstes (BND) in Pullach bei München, das ja erst vor gut einem Jahr unter Denkmalschutz gestellt wurde?

Es gibt Anlässe, warum Objekte überprüft werden. Der konkrete Anlass war hier, dass der Bundesnachrichtendienst nach Berlin verlegt werden soll. Da kam aus dem Landesdenkmalrat die Anregung, die Gebäude auf dem BND-Gelände auf ihre Denkmaleigenschaften zu überprüfen. Bekannt war die Reichssiedlung natürlich schon lange. Wir haben uns dann mit dem BND über den Zugang zu den Gebäuden verständigt und wir haben ein zwanzigseitiges Gutachten erstellt. Die Gemeinde Pullach hat dann Einwendungen vorgetragen, doch der Landesdenkmalrat hat sich der Auffassung der Denkmalbehörde – Denkmalschutz – angeschlossen.

Was ist an der Siedlung das Besondere?

Da ist zunächst das Ensemble von Typenbauten, zudem gibt es Einzeldenkmäler wie die sogenannte Bormannvilla und den Kindergarten. Dann gibt es unterirdische Anlagen wie den sogenannten Führerbunker, die als schützenswertes Denkmal eingeschätzt wurden.

Was bedeutet das für eine mögliche künftige Nutzung des Geländes?

Das hängt davon ab, was generell mit dem Gelände passiert. Es wird ja noch vom BND genutzt und keiner weiß, welche Teile des BND wegziehen. Es sind Denkmäler und wenn hier Veränderungen beabsichtigt sind – Umbau, Abriss oder Neubau –, dann bedarf es einer denkmalrechtlichen Erlaubnis. Das heißt, wir stülpen keine Käseglocke darüber, haben aber mitzureden – das ist das sogenannte Erlaubnisverfahren. Aber das Schicksal des Geländes ist ja noch völlig unbekannt, es gibt nach meiner Erkenntnis keine Nutzungsüberlegungen. Die Gemeinde ist sich auch gar nicht klar, ob sie das Gelände erwerben will. Es kommt sicherlich nicht in Frage, auf dem Gelände großflächige Baugebiete auszuweisen.

Aber es geht dort schon um Bestandswahrung?

Sicher, Ziel des Denkmalschutzes ist es, solche Gebäude mit Zeugniswert möglichst lange der Zukunft zu überliefern.

Eine Idee ist die Nutzung der Gebäude als Dokumentationszentrum zur Geschichte des BND?

Das ist nicht ausgeschlossen, dass man in dem einen oder anderen Gebäude so etwas wie eine Dokumentation zur Geschichte des Geländes und des BND einrichtet. Aber wie gesagt, es ist nicht Ziel des Denkmalsschutzes, eine Käseglocke überzustülpen. Unser Ziel ist, dass es zu vitalen, lebensfähigen Nachfolgenutzungen kommt, die aber die Erinnerung aufbewahren und nicht auslöschen.

Ist die Liste der NS-Bauten in Bayern abgeschlossen?

Es gibt in Bayern noch eine Reihe von Kasernen aus der nationalsozialistischen Zeit, die jetzt eine Nutzungsänderung erfahren. Das ist ein Grund, um sie hinsichtlich des Denkmalschutzes zu überprüfen und sie gegebenenfalls in die Denkmalliste aufzunehmen. Mit dieser Liste decken wir aber schon das Spektrum der Zeugnisse aus dieser Zeit mit ihren Taten und Untaten, vom Konzentrationslager bis zum Obersalzberg, ab.

Das München, in das Walburga Weber zurückkommt, ist das München der Nationalsozialisten. Die Stadtverwaltung ist längst durch das „Gesetz zur Wiederherstellung des Berufsbeamtentums" gesäubert. Walburga Weber beginnt als Bedienung in einem vegetarischen Restaurant in der Landwehrstraße zu arbeiten. Dass sie dabei auf den Vegetarier Hitler stieß, ist eher unwahrscheinlich. Der „Führer" verbrachte immer mehr Zeit auf dem „Berghof" am Obersalzberg.

Der Reichsführer SS

Himmler avancierte nach der Machtergreifung nicht nur zum Polizeichef des Deutschen Reiches, sondern hatte als „Reichsführer SS" auch ein höchst effektives, schreckenerregendes und zugleich bizarres Terrorinstrument in den Händen. Der „Orden unter dem Totenkopf" verkörperte zum einen quasi den Kern der rassistischen, an darwinistischer Auslese orientierten nationalsozialistischen Lehre, wenn er sich als Zuchtort für die „arische Rasse" und als deren „Elite" gab, ganz das angebliche Gegenteil zum „Untermenschentum" vor allem jüdischer Herkunft. Zum anderen aber geriet die SS auch zum Spiel- und Experimentierfeld für die diversen Vorlieben und Interessen von Himmler. Ihm war es gelungen, „seine persönlichen Vorlieben, Marotten, Phobien und Feindbilder innerhalb der SS fest zu verankern. Er bemühte sich nach Kräften, aus seiner Germanenschwärmerei einen Kult für die SS zu entwickeln und er zog in großem Umfang das SS-Ahnenerbe heran (diese Organisation war 1935 als Stiftung gegründet worden und diente letztlich als eine Art Spielzeug mit wissenschaftlichem Anstrich für die Liebhabereien und esoterischen Interessen Himmlers), um seine quasi-religiösen Spekulationen über Gott und den Kosmos zu untermauern."[61] So erscheint die SS mit ihren schwarzen Uniformen als eine Mischung aus Allmachtsphantasien pubertierender Jünglinge, der Abenteuerromantik Karl Mays, dem Übermenschentum bei Nietzsche, aber auch wirtschaftlichem Unternehmertum. Und für das Bizarre sorgten die Aura des Todes und die rechtsfreien Zonen des Grauens in den Konzentrationslagern.

Ein Beispiel dafür war etwa die Aufstellung von sogenannten „SS-Wehrgeologietrupps", die mit von der SS zertifizierten Wünschelrutengängern ausgestattet waren. Das Ganze fußte auf einem Besuch des Münchner Studienprofessors Dr. Josef Wimmer in Heinrich Himmlers Feldhauptquar-

tier „Hegewald" in der Ukraine am 23. August 1942. Zwei Tage blieb der
Studienprofessor dort und erläuterte dem Reichsführer SS, was es mit dem
Wünschelrutensuchen auf sich hatte. Als Ergebnis führte Wimmer im Heilkräutergarten des Konzentrationslagers Dachau vom 21. September bis 13.
Oktober 1942 mit neun Teilnehmern einen Wünschelrutenlehrgang durch.
Von nun an sollte jedem „SS-Wehrgeologentrupp" ein Wünschelrutengänger beigegeben werden, drei davon sollen Ende 1942 bereits bei einer Waf-
fen-SS-Division in Belgrad stationiert gewesen sein. Zu ihren Aufgaben
zählte das Aufspüren von Wasser, aber möglicherweise auch von Bunkern,
unterirdischen Gängen oder gar Gold.

Wünschelrutenprofessor Wimmer war zu diesem Zeitpunkt Leiter der
Abteilung für angewandte Geologie im „Ahnenerbe". Die Unterabteilung
„Wehrgeologie" etwa war 1938 innerhalb der „Pflegestätte für Karst- und
Höhlenkunde Salzburg" errichtet worden, das „Ahnenerbe" schaufelte ger-
ne in der Erde herum, auf der Suche nach den germanischen Vorfahren.
Eine „Abteilung für Wetterkunde" beschäftigte sich mit der sogenannten
„Welteislehre", wonach die Planeten im All aus Eisklumpen bestehen; At-
lantis, der sagenhafte Kontinent, sei untergegangen, als ein Mond auf die
Erde stürzte. Das „Ahnenerbe" hatte als geisteswissenschaftliche Organisation begonnen, integrierte aber seit Kriegsbeginn zunehmend „naturwis-
senschaftliche" Forschung in seine Abteilungen. Dazu gehörten ab 1944
auch Versuche mit der „Strahlenwaffe" des Luftwaffen-Oberst Friedrich
Schröder-Stranz, die aber dann irgendwie doch nicht funktionierte.

Vorbereitet wurden diese Versuche im KZ Dachau und wie die andern
Lager war dieses ein Ort des organisierten Irrsinns der SS. Der Kräutergarten etwa, in dem Studienprofessor Wimmer seine Wünschelrutenkurse abhielt, war Teil des KZ und hier fanden viele Häftlinge den Tod und wurden
durch die Arbeitsbedingungen gequält. Andererseits wurde hier aber auch
die biologisch-dynamische Anbauweise praktiziert, SS-Führer Himmler
war ein großer Anhänger der Naturheilkunde. Das führte auch dazu, dass
ein paar hundert Meter vom Kräutergarten entfernt Versuche an Häftlingen,
die an Tuberkulose erkrankt waren, mit homöopathischen Mittel unternommen wurden. Ganz abgesehen von den Unterdruck- und Unterkühlungs-
versuchen eines gewissen Dr. Sigmund Rascher, eines der „abstoßendsten
Geschöpfe der SS", in der Krankenbaracke Nummer 5 im KZ Dachau. Der
rationale Irrsinn dieses Ortes lässt sich erahnen, wenn man weiß, dass ein
paar hundert Meter vom Krematorium entfernt ein KZ-Bordell eingerichtet
war, und dass ein paar hundert Meter von den Unglücklichen entfernt, die
in den Eiswasserversuchen gequält wurden, die SS-Wachen sich liebevoll

um die Angora-Kaninchen im KZ kümmerten. Denn die SS unterhielt als Wirtschaftsbetrieb in mehr als 30 KZ diese Kaninchenzuchten, 1943 waren das mehr als 25.000 Tiere, die besser als die Häftlinge gehalten wurden. Auch der Kräutergarten war ein SS-Betrieb, ebenso wie eine Porzellanmanufaktur in Allach bei München. Die NS- und SS-Führungsriege war voll von Antialkoholikern, Vegetariern, Rohkostfreunden und Esoterikern, die ihre „Hobbys" an dem „Menschenmaterial" in den Lagern ausprobierten.

Verhängnisvolles Urteil

1938 ist es wieder so weit, Walburga Weber steht erneut vor Gericht, unter anderem wegen zweier Diebstähle in einem Käseladen. Schaden dabei: 7,80 Reichsmark, 4 Reichsmark. In der Urteilsbegründung wird der inzwischen herrschende nationalsozialistische Geist deutlich: Jetzt ist die Rede von der „gefährlichen Gewohnheitsverbrecherin" und von der „in der Persönlichkeit des Täters wurzelnden inneren verbrecherischen Einstellung". Doch so neu ist dieser Geist gar nicht, er setzt nur die Vorstellungen aus den 1920er Jahren über die „Gewohnheitsverbrecher" um – das allerdings radikal und tödlich. Bereits im November 1933 wurde unter Hitler das „Gesetz gegen Gewohnheitsverbrecher" in Kraft gesetzt, es sah die Sicherungsverwahrung – also lebenslange Inhaftierung – von Personen vor, die mehrfach verurteilt waren. Es war keine spezielle Erfindung der Nationalsozialisten, sondern beruhte auf Entwürfen aus dem Jahr 1927 und entsprach Tendenzen zeitgenössischer Rechtsprechung. Und es stand in der langen Tradition der Ausgrenzung und Diskriminierung von sozial Unangepassten, so der Sozialwissenschaftler Wolfgang Ayaß.[62] Bereits seit 1926 gab es in Bayern das „Zigeuner- und Arbeitsscheuengesetz", das zum Beispiel die Einweisung von nichtsesshaften Arbeitslosen in Arbeitshäuser durch die Polizei vorsah, unabhängig von Gerichten. Nach der Machtergreifung der Nationalsozialisten wird die polizeiliche und juristische Verfolgung auf Juden, Sinti und Roma, auf „Asoziale", auf „Arbeitsscheue", Bettler, Homosexuelle, Behinderte und eben „Gewohnheitsverbrecher" ausgedehnt. Im Juni 1938 werden mit der Aktion „Arbeitsscheu Reich" auf den Befehl Himmlers hin die Konzentrationslager mit Tausenden „Arbeitsscheuer" gefüllt.

Am 30. November 1938 tritt Walburga Weber in Aichach ihre fünfjährige Haftstrafe an, anschließend ist sie zu Sicherungsverwahrung verurteilt. Diese letzte Verurteilung ist verhängnisvoll.

Weltkrieg und „Zweitfrau"

1939 beginnt der Zweite Weltkrieg und damit wird die Büchse der Pandora geöffnet. War der Terror der Nationalsozialisten in Friedenszeiten noch irgendwie kanalisiert, so mutiert er nun zum unbegrenzten Massenmord.

Sein eifrigster Befehlshaber Himmler wird nun in Sonderzügen durch Deutschland und die überfallenen Länder fahren und unermüdlich Tag für Tag an der Auslöschung der Juden und anderer Menschen arbeiten. Dieses Vernichtungswerk lässt ihm wenig Zeit für seine Familie am Tegernsee. Außerdem ist er seit 1941 mit seiner Privatsekretärin Hedwig Potthast liiert. Obwohl Himmler für seine SS in Anlehnung an „germanische Sitte" für „rassisch einwandfreie Männer" das Recht auf eine „Zweitfrau" fordert, bleibt das Verhältnis sehr geheim. 1942 bringt Himmlers Geliebte in der Klinik Hohenlychen ein Kind zur Welt, Geburtshelfer und Pate ist der SS-Klinikleiter Professor Dr. Karl Gebhardt – ein Schulkamerad Himmlers, Freikorpskämpfer und beim Hitler-Putsch 1923 dabei. Er führt im nahen KZ Ravensbrück grausame Experimente an polnischen Frauen durch und wird später von den Amerikanern dafür gehängt. Im Juni 1944 gebärt Hedwig Potthast eine Tochter. Himmler kauft für seine Zweitfamilie mit einem Darlehen aus der Parteikasse das Haus Schneewinkellehen in Berchtesgaden nahe dem Obersalzberg.

Widerstand in München

Trotz des brutalen Terrors der Nationalsozialisten und deren offene oder latente Befürwortung oder zumindest Duldung durch weite Teile der Bevölkerung existiert Widerstand in München, dazu gehört Georg Elser, der ein Attentat auf Hitler plante. Am bekanntesten aber ist die Gruppe der *Weißen Rose* um das Geschwisterpaar Hans und Sophie Scholl, die ab 1942 Flugblätter verteilten. Am 18. Februar 1943 wurden sie bei einer Flugblattaktion in der Münchner Universität gefasst und schließlich am 22. Februar zusammen mit Christoph Probst in Stadelheim hingerichtet, weitere Todesurteile folgten. Für den Widerstand aus kirchlichen Kreisen steht unter anderem der Name Rupert Mayer.

Weniger bekannt ist der politisch linke Widerstand. An der Fürstenrieder Straße 46 in Laim unterhielten Margot und Ludwig Linsert ein Lebens-

Das Bodendenkmal vor dem Hauptgebäude der Münchner Universität steht für den Widerstand der Geschwister Scholl und der Weißen Rose.

Das Grab der Geschwister Hans und Sophie Scholl auf dem Perlacher Friedhof.

mittelgeschäft, das Ehepaar gehörte dem *Internationalen sozialistischen Kampfbund* (ISK) an und verteilte ab 1933 Flugblätter, bis die süddeutsche Gruppe des ISK 1938 aufflog. Beide überlebten, Ludwig Linsert wurde nach dem Krieg Landesvorsitzender des DGB. Im Arbeiterviertel Giesing existierte in der kriegswichtigen Firma Agfa die „wohl aktivste und am längsten bestehende kommunistische Widerstandsgruppe der Münchner Betriebe",[63] bis 1937 in Südbayern der kommunistische Widerstand durch die Informationen des Polizeispitzels Max Troll endgültig zerschlagen wurde.[64] Auch die sozialdemokratischen Widerstandsgruppen waren bis 1935 von der Gestapo ausgehoben worden, doch in der Aignerstraße 26 organisierte das Ehepaar Lotte und Gottlieb Branz den Widerstand im Untergrund und verhalf Menschen zur Flucht. Und von 1943 bis Januar 1945 verteilten die beiden Giesinger Kommunisten Robert Eisinger und Emil Meier Flugblätter gegen das Nazi-Regime.[65]

Deportation nach Auschwitz

Das Schicksal von Walburga Weber wird am 18. September 1942 im ukrainischen Schitomir, 1700 Kilometer von der Frauenjustizanstalt Aichach entfernt, entschieden. Dort befindet sich zu dieser Zeit das Führerhauptquartier und auch das Feldquartier von Reichsführer SS Heinrich Himmler. Diese „Feldkommandostelle Hegewald" wurde 50 Kilometer nördlich von Hitlers Führerhauptquartier „Werwolf" in Winnizia auf einem ehemaligen sowjetischen Flugplatz errichtet und war im Sommer 1942 bezugsfertig. Himmlers Hauptquartier umfasste neben Bunkern und einem Soldatenfriedhof mehrere Kasernen, in denen 100 SS-Offiziere und 1000 Soldaten stationiert waren. Himmler residierte mit seinem Stab in einer Villa.

Der Terminkalender von Himmler sieht an diesem Freitag, 18. September, unter anderem vor:

9.00   Herr Kersten (Masseur)
10.00 Frühstück mit SS Obergruppenführer Wolf
12.00 SS Gruppenführer Jüttner
14.00 Essen mit SS Obergruppenführer Wolff, Reichsjustizminister
    Dr. Thierack, Staatssekretär Rothenberger, weitere SS Gruppenführer, SS Brigadeführer und SS Obersturmbannführer
16.00 Reichsjustizminister Dr. Thierack, Staatssekretär Rothenberger,
    SS Gruppenführer Streckenbach, SS Obersturmbannführer Bender

20.00 Abendessen

21.30 Reichsjustizminister Dr. Thierack, Staatssekretär Rothenberger,
  SS Gruppenführer Streckenbach, SS Obersturmbannführer Bender[66]

Die Besprechung zwischen dem „Reichsführer SS", dem Reichsjustizminister und seinem Staatssekretär ist eine jener Besprechungen von Himmler, die sich regelmäßig und routinemäßig um Massenmorde und andere
Verbrechen drehen. So war es zwei Tage zuvor, am Mittwoch, den 16. September 1942, in einer Besprechung mit SS-Brigadeführer und Geburtshelfer Gebhardt um dessen Menschenversuche an Häftlingen in den KZs
Ravensbrück und Dachau gegangen,[67] zwei Tage später um die gegen Par-
tisanen gerichtete Operation „Sumpffieber" in Weißrussland, bei der mehr
als 10.000 Personen getötet wurden.[68]

Diesmal geht es um den Massenmord an Häftlingen der Justizvollzugsanstalten. In der fünfstündigen Besprechung einigen sich der SS-Führer und
Reichsjustizminister Otto-Georg Thierack darauf, alle im Gewahrsam der
deutschen Justiz befindlichen Juden, Zigeuner, Russen und Ukrainer sowie
alle Polen mit mehr als dreijährigen und alle Tschechen und Deutschen mit
über achtjährigen Haftstrafen der SS zu übergeben. Gleiches gilt auch für
die rund 15.000 Deutschen, die sich Mitte 1942 in Sicherheitsverwahrung
befinden. „Auslieferung asozialer Elemente aus dem Strafvollzug an den
Reichsführer SS zur Vernichtung durch Arbeit", schreibt Thierack später
in seinem Protokoll unter Punkt 2.[69] In Punkt 1 ging es um die „Korrektur
bei nicht genügenden Justizurteilen durch polizeiliche Sonderbehandlung",
also um die Ermordung von Verurteilten, die nach Meinung der Nazis mit
einem zu milden Urteil davongekommen waren.

„Das ist unwertes Leben in höchster Potenz", äußert sich Thierack zur
„Abgabe asozialer Gefangener".

Bereits im Oktober 1942 wird mit einem Geheimerlass des Justizministeriums die Auslieferung „asozialer Elemente" aus dem Strafvollzug an
die SS zur „Vernichtung durch Arbeit" angeordnet, ab 1. November 1942
beginnt die Selektion in den Haftanstalten. Rechtlich bedeutete diese Auslieferung den totalen Rückzug der Justiz, die Betroffenen erwartete kein
Gerichtsverfahren mehr, sondern nur noch die Willkür von SS, Gestapo
und Polizei. Bis zum 30. April 1943 waren 14.700 Personen aus den Haftanstalten in die Konzentrationslager deportiert worden, davon waren bereits am 1. April über 5900 verstorben.

In Aichach beginnen Anfang 1943 die Transporte nach Auschwitz, am
26. März wird auch Walburga Weber deportiert. Innerhalb von drei Tagen

werden 92 Frauen in Sicherheitsverwahrung auf den Transport geschickt. In einem Schreiben beschwert sich am 7. April der Gendarmerieposten Aichach über das „primitive Waggonmaterial", das dabei zum Einsatz kommt: „Beide Waggon waren für diesen langen Transport (3½ Tage und drei Nächte) mangels Kabine zum Ausruhen des abgelösten Begleitpersonals sowie verschließbaren Türen ungeeignet." Die Anstaltsleitung schließt sich diesen Bedenken „voll an", da „mit weiteren Transporten unter Umständen zu rechnen ist".

Wussten die Gefängnisleitung und die Vollzugsbeamten, was die Deportierten erwartete? Der Historiker Nikolaus Wachsmann konstatiert jedenfalls eine „breite Zustimmung der örtlichen Gefängnisbeamten zur 'Vernichtung durch Arbeit'".[70] Den ideologischen Hintergrund macht Hitlers Sportpalastrede vom 30. September 1942, nur wenige Tage nach der Billigung der Mordaktion durch Thierack und Himmler, deutlich: „In einer Zeit, in der die Besten unseres Volkes an der Front eingesetzt werden müssen und dort mit ihrem Leben einstehen, in dieser Zeit ist kein Platz für Verbrecher und Taugenichtse ... Wir werden diese Verbrecher ausrotten, und wir haben sie ausgerottet."[71] Manche Gefängnisdirektoren sahen in der Überstellung auch ein willkommenes Mittel, die Überfüllung ihrer Anstalt zu verringern. In Aichach hatte Anstaltsdirektor von Reitzenstein bereits 1937 geklagt, dass die jetzige Belegung von 850 kaum mehr überschritten werden könne. Im Juni 1943 lag der Gefangenenstand – nach den Transporten – bei 1900.[72]

Die Frauen von Aichach wurden in das Frauenlager Auschwitz-Birkenau eingeliefert. Anders als die nicht zur Arbeit verwendungsfähigen Juden, die sofort in den Gaskammern getötet wurden, wurden sie im Standesamt von Auschwitz registriert, von hier wurden später auch die Totenscheine versandt. Diese Registratur des Todes war eine der bizarren Facetten dieses Ortes, neben dem KZ-Bordell, dem Mädchenorchester und dem biederen Familienleben der SS-Mitglieder. Das Frauenlager beherbergte zu dieser Zeit 20.000 Frauen, die dort unter schrecklichen Bedingungen in Baracken und auf faulen Strohsäcken dahinvegetierten. Die Wienerin Ella Lingens, die als Ärztin und „Arierin" durch ihre Tätigkeit im Krankentrakt überlebte, beschrieb die Zustände im Frauenlager so: „Das Gros der Frauen glich hässlichen, alten Skeletten, die sich wie durch ein Wunder auf den Beinen hielten."[73] Wer sich nicht irgendwie zusätzliche Nahrung verschaffen konnte, „starb in Auschwitz in der Regel zwischen dem vierten und dem zehnten Lagermonat".[74] Im März 1943, als die Frauen aus Aichach ins Lager kom-

men, wütet dort das Fleckfieber. „Die Mortalität lag bei etwa 80 Prozent",
so Lingens in ihren Erinnerungen, „Tote, Tote wohin man blickte."[75]
Walburga Weber überlebt nicht einmal fünf Wochen in Auschwitz, sie
stirbt am 8. Mai 1943. Die meisten Frauen aus Aichach teilen ihr Schicksal.

Die vergessenen Frauen von Aichach

Dieses Schicksal bleibt lange Zeit nach Ende des Dritten Reiches vergessen, verzerrt und verdrängt. Denn in Westdeutschland blieb die Aufarbeitung der NS-Justiz eine Farce, so der Historiker Nikolaus Wachsmann:
„Die Kontinuität im Justizwesen war mehr als auffällig: Rund 80 Prozent
der früheren Beamten wurden wieder eingestellt."[76] Zwar wurden 1947 von
den Amerikanern in einem Nürnberger Prozess einige hohe Beamte des
Reichsjustizministeriums zu Haftstrafen, kein einziger Richter oder Staatsanwalt der NS-Zeit aber wurde in Westdeutschland verurteilt. Die Justiz
müsse ihr Versagen bei der Bewältigung ihrer eigenen Vergangenheit ein-
gestehen, wurde schließlich in den 1980er Jahren vom Bundesjustizministerium konstatiert.
Kontinuität war auch bei den Gefängnisbeamten angesagt. Als das
„dunkelste Kapitel in der Geschichte der westdeutschen Prozesse gegen
NS-Gefängnisbeamte"[77] bezeichnete Wachsmann das Verfahren 1951 gegen jene Männer, die für die „Vernichtung durch Arbeit" von Strafgefange-
nen verantwortlich waren. Die daran beteiligten Beamten des Reichsjustizministeriums wurden freigesprochen. Denn die Richter nahmen die Lügen
der Angeklagten, nichts von der Mordaktion gewusst zu haben, anstandslos
hin und äußerten sogar Verständnis für die NS-Politik, immerhin habe der
deutsche Staat im Krieg in einem Kampf um die nackte Existenz gestan-
den, die Überstellung der Gefangenen in die KZs sei rechtmäßig gewesen.
Angesichts derartiger Urteile verwundert es wenig, dass es örtlichen
Gefängnisbeamten leicht fiel, ihre berufliche Laufbahn fortzusetzen. In
Aichach zum Beispiel wurde nach der Befreiung durch die Amerikaner
nahezu das gesamte Leitungspersonal entlassen, darunter Direktor von
Reitzenstein, der Gefängnisarzt Ludwig Schemmel, die Gefängnislehrerin
Anni Dimpfl und der evangelische Gefängnisgeistliche Ernst Stark. Dieser
war Ortsgruppenleiter der NSDAP und huldigte Hitler in seinen Predigten
als „Offenbarung eines neuen Schöpferwillens", der „selbstverständlich
nicht an den Mauern der Strafanstalt Halt machen" konnte.[78] Dies war aber

kein Hindernis, ihn 1949 wieder in den Staatsdienst zu übernehmen. Gleiches galt für die Beteiligung von Gefängnisarzt Schemmel an Zwangssterilisationen, wenige Jahre nach Ende des Dritten Reiches war die Führungsriege von Aichach wieder fast komplett an Bord, nur der Direktor war in den Ruhestand versetzt worden. 1956, als in der Bundesrepublik die KPD verboten wurde, konnte es einer Kommunistin prinzipiell passieren, dass sie von dem selben Richter verurteilt, vom selben Polizisten abgeführt und vom gleichen Gefängnispersonal in der Haftanstalt empfangen wurde, wie in der NS-Zeit.

Angesichts dieser Nachkriegs-Situation war das Vergessen der Frauen von Aichach ein Vielfaches. Vergessen wurden sie zum Beispiel von der Forschung zur NS-Zeit, die sich erst sehr spät des Themas der Verfolgung von „Asozialen" und „Gewohnheitsverbrechern" annahm. Das hat vielleicht damit zu tun, dass diese Gruppen in der Rangfolge der Konzentrationslager ganz unten standen. So zeichneten die politischen Gefangenen in ihren Berichten aus den Konzentrationslager von ihnen ein wenig schmeichelhaftes Bild, sie standen am Rande der „KZ-Gesellschaft". „Bei den Kriminellen, die man nach Auschwitz brachte, herrschte wohl die Absicht vor, sie zu vernichten. Ein großer Teil dieser Menschen war so, dass man die Umwelt tatsächlich vor ihnen schützen musste: Gewohnheitsverbrecher, ... Betrügerinnen, Mörderinnen und anderes mehr", diese Frauen „starben mit wenigen Ausnahmen wie die Fliegen",[79] schrieb dazu Ella Lingens.

Eine Wahrnehmung, die sich freilich wenig mit der Realität der Frauen von Aichach deckt. Weibliche Kriminalität war und ist vor allem Kleinkriminalität von Eigentumsdelikten, es ging vor Gericht in der Regel um Taschendiebstahl, um den Diebstahl von Bettwäsche, um „Unzucht", und nicht um Gewalttaten. 86 Prozent der Männer und Frauen, die 1937 in Sicherheitsverwahrung saßen, waren wegen Diebstahls oder Betrug verurteilt worden, nur 7,7 Prozent waren Gewalt- oder Sexualverbrecher.[80] Die meisten Frauen hatten versucht, sich mit kleinen Eigentumsdelikten über Wasser zu halten und sammelten so ein Vorstrafenregister an. Der Begriff des „Gewohnheitsverbrechers" war ein Begriff der Klassenjustiz, der zur Disziplinierung der unteren sozialen Schichten diente.

Die Ausgrenzung dieser Frauen erfolgte in der Nachkriegszeit sowohl in Hinsicht auf die Würdigung als NS-Opfer als auch bei Entschädigungen durch das Bundesentschädigungsgesetz von 1956: Diese fand – anders als bei anderen Opfergruppen – nicht statt.

Vergessen wurden die NS-Opfer in Sicherheitsverwahrung schließlich auch den eigenen Familien, aus Scham über die kleinkriminelle Mutter oder Großmutter, Tante oder Schwester. Die Autorin Claudia Brunner hat ein Buch darüber geschrieben, wie in ihrer Familie über den Großonkel Alois Brunner, einen Verbrecher des NS-Regimes, konsequent geschwiegen wurde.[81] Dieses Schweigen gibt es aber nicht nur in den Täter-, sondern auch den Opferfamilien, in denen die vergessenen Frauen von Aichach ein Tabu waren.

Himmlers Ende

Heinrich Himmler beging am 23. Mai 1945 in englischer Gefangenschaft mit einer Giftkapsel Selbstmord. Zuvor hatte er noch versucht, mit den Häftlingen seiner Konzentrationslager zu schachern und sie den Alliierten als politisches Tauschobjekt bei Waffenstillstands-Verhandlungen anzubieten. Noch im April 1945 wurden die Häftlinge der verbliebenen Lager, darunter auch Dachau, auf Todesmärsche geschickt. Am 26. April sollten 7000 Dachauer Gefangene einen Gewaltmarsch über die Alpen antreten und dort als Geiseln dienen.

Am 30. April – der Tag, an dem Hitler Selbstmord beging – marschierten amerikanische Truppen in München ein. Einige Tage zuvor hatte die *Freiheitsaktion Bayern* – eine Widerstandsbewegung aus Soldaten und Zivilisten – versucht, den Krieg in München und Umgebung zu beenden und zu kapitulieren. Über Rundfunksender rief sie zu Massenerhebungen gegen das Nazi-Regime auf, doch niemand in München erhob sich. Regimetreue Einheiten von Wehrmacht und SS richteten noch in den letzten Tagen des „Tausendjährigen Reiches" ein Blutbad unter den Widerständlern an. Am 8. Mai war der Krieg zu Ende.

Erinnerungsorte

1931 / 2015 Braunes Haus / NS-Dokumentationszentrum

Am 1. Mai 2015 öffnete das NS-Dokumentationszentrum in München an der Brienner Straße 34 offiziell seine Pforten. Damit bekam die bayerische Landeshauptstadt und ehemalige „Hauptstadt der Bewegung" – sage und schreibe – 70 Jahre nach Kriegsende einen Ort der Auseinandersetzung mit dem Nationalsozialismus. Die zentrale Gedenk- und Erinnerungsstätte entstand an exponierter Stelle, nämlich im Mittelpunkt des ehemaligen Partei-Viertels des nationalsozialistischen München, dort wo ab 1931 sich die Parteizentrale der NSDAP, das „Braune Haus", befand. Das Gebäude wurde im Januar 1945 durch einen Bombenangriff weitgehend zerstört, die Reste 1947 abgerissen. 1951 wurden die letzten Trümmer beseitigt, seitdem lag das Gelände brach.

In unmittelbarer Umgebung ließ Hitler in den 1930er Jahren diverse Bauten am Königsplatz errichten, der selbst mit Steinplatten bepflastert wurde und dann als Aufmarschgelände diente. An seiner Ostseite wurden nach den Plänen des Architekten Paul Ludwig Troost bis 1936 zwei äußerlich identische Gebäude errichtet. Der nördliche Bau diente als „Führerbau" zu Repräsentationszwecken, hier wurde am 30. September 1938 auch

Das „Braune Haus" während der NS-Zeit. (Foto: Stadtarchiv München)

das „Münchner Abkommen" unterzeichnet, mit dem das Sudetenland von der Tschechoslowakei abgetrennt wurde. Das südlich liegende Gebäude diente als Verwaltung für die NSDAP, hier wurden die Karteikarten der Millionen Parteimitglieder aufbewahrt. Am Rande des Königplatzes standen zwei „Ehrentempel", in denen die sterblichen Überreste der beim Hitlerputsch Getöteten bestattet waren.

Heute sind von diesen nach dem Kriege gesprengten „Tempeln" nur noch die Fundamente zu sehen. Im ehemaligen „Führerbau" ist die Musikhochschule untergebracht, in dem Gebäude der ehemaligen Parteizentrale verschiedene Kulturinstitutionen wie die Staatliche Graphische Sammlung. Lediglich eine kleine Metalltafel neben dem nördlichen Ehrentempel informierte bisher über die Geschichte des Areals. Die Verdrängung des nationalsozialistischen Erbes aus dem Bild der weißblauen Landeshauptstadt und damit einhergehend eine fehlende Auseinandersetzung über Jahrzehnte hinweg könnte selbst ein Thema für das neue Dokumentationszentrum sein.

Dessen Motto lautet „Erkennen, Lernen und Verstehen am authentischen Ort". Eine Arbeitsgruppe von vier Professoren hat das Konzept erarbeitet, eine Dauerausstellung auf dreieinhalb Stockwerken soll den Besucher durch die Geschichte von der Zeit der Räterepublik und der Weimarer Zeit bis heute führen. Sie beginnt im 4. Stock mit einem Ausblick auf die Umgebung und führt an 30 Themenschwerpunkten entlang bis in das erste Obergeschoss. Dort werden auch Wechselausstellungen zu sehen sein. „Warum München?", „Warum eine Beschäftigung mit der NS-Zeit heute?", sind zentrale konzeptionelle Fragen der Ausstellung. Insgesamt stehen rund 1.200 Quadratmeter Ausstellungsfläche zur Verfügung.

Entworfen hat den Neubau des NS-Dokumentationszentrums ein Berliner Architektenbüro. Der Entwurf sah einen klaren Kubus aus weißem Sichtbeton mit Kantenlängen von 22,5 Metern vor. „Selbstbewusst wird der Würfel mit ausgeprägter Höhenentwicklung in den städtebaulichen Raum situiert und schafft eine eigene, unverwechselbare Identität. Er steht in starkem Kontrast zur Umgebung", so ein offizieller Text zum Neubau. Der Würfel markiere den Ort der Täter, ohne auf das „Braune Haus" Bezug zu nehmen: „Er stellt sich nicht in die Reihe der 'Führerbauten', überragt sie aber." Die Summe für den Neubau und die Ersteinrichtung in Höhe von 28,2 Millionen Euro wurde zu je einem Drittel von Stadt, Land und Bund getragen. Das 1.450 Quadratmeter große Grundstück wurde vom Freistaat Bayern bereitgestellt. Die Stadt München übernimmt den Betrieb des Hauses und die laufenden Kosten.

Das NS-Dokumentationszentrum in München an der Brienner Straße 34:
Weißer Kubus statt „Braunes Haus".

Öffnungszeiten: Dienstag bis Sonntag 10–19 Uhr (erweiterte Öffnungszeiten für angemeldete Schulklassen, Gruppen und Seminarteilnehmer)

Auf drei Stockwerken ist eine informative Ausstellung zum Nationalsozialismus und seiner Entstehung zu sehen.

Wie sehr die Auseinandersetzung mit alten und neuen Nazis in der Stadt notwendig ist, zeigte ein Vorfall bei der offiziellen Einweihungsfeier für das Dokumentationszentrum am 30. April 2015. Nur wenige Meter vom Amerika-Haus, dem Ort des Festaktes, entfernt, konnten Neonazis in Hörweite unter Polizeischutz ihre rechten Parolen schreien. Sie standen freilich einer großen Gruppe von Antifaschisten gegenüber. Münchens Oberbürgermeister Dieter Reiter (SPD) zeigte sich angesichts der Neonazi-Demonstration empört. Das Kreisverwaltungsreferat gab an, über keine rechtliche Handhabe zu verfügen, um derartige provokante Kundgebungen zu verbieten.

Mitglieder der Partei Die Rechte *demonstrierten am 30. April 2015 in Hörweite zum Festakt für das NS-Dokumentationszentrum.*

Aber nicht ohne auf Widerstand durch Antifaschisten zu stoßen.

Der elektrisch geladene Zaun um das KZ Dachau, links eine der Baracken.

1933 / 1965 Konzentrationslager Dachau

Nach der Befreiung durch die US-Soldaten am 29. April 1945 diente das Lager als Internierungszentrum für ehemalige KZ-Wächter, SS-Angehörige und NS-Funktionäre, bis es 1948 aufgelöst wurde. Danach übernahm der bayerische Staat das Gelände und errichtete darauf eine Wohnsiedlung, als sei nichts geschehen. Erst als eine Kiesabbaufirma ein Massengrab in der Nähe des ehemaligen Lagers unterbaggerte, kam es zu Protesten. 1955 wollte die Stadt Dachau das Krematorium abreißen und so ein ungeliebtes Zeugnis der Erinnerung zum Verschwinden bringen. Einer internationalen Organisation ehemaliger Häftlinge gelang es, diese Pläne zu verhindern und auf dem ehemaligen KZ-Gelände schließlich 1965 die KZ-Gedenkstätte Dachau zu eröffnen. Sie umfasst heute das Areal des ehemaligen Häftlingslagers sowie den ehemaligen Krematoriumsbereich, der in der Zeit des KZ Dachau zum Kommandanturbereich gehörte. Einige der originalen Gebäude aus der Zeit des KZ wie Wirtschaftsgebäude, Bunker, Krematorium und Wachtürme wurden erhalten, zwei Baracken wurden rekonstruiert. Am ehemaligen Appellplatz befindet sich heute das zentrale Mahnmal.

Das Denkmal „Der unbekannte Häftling" am Krematorium des KZs aus dem Jahre 1950 trägt die Inschrift: „Den Toten zur Ehr, den Lebenden zur Mahnung".

In den ehemaligen SS-Unterkünften – Heinrich Himmler hatte die Kaserne des „SS-Totenkopfverbandes Oberbayern" am 29. März 1936 eingeweiht – neben dem Gefangenenlager sind seit 1973 Einheiten der bayerischen Bereitschaftspolizei untergebracht.

Aus dieser Kaserne rückten auch die SS-Einheiten aus, die am 28. April 1945 den „Dachauer Aufstand" niederschlugen. An diesem Freitag hatten linke Arbeiter, geflohene KZ-Häftlinge und Einheiten des „Volkssturms" nach dem nächtlichen Radio-Aufruf durch die „Freiheitsaktion Bayern" das Dachauer Rathaus besetzt, um eine Verteidigung der Stadt und die Vernichtung des Lagers zu verhindern. Gegen die Übermacht der SS konnte die Stadt nicht lange gehalten werden. Viele der Aufständischen konnten untertauchen, aber sechs von ihnen kamen ums Leben, an sie erinnert eine Gedenktafel an der Sparkasse in Dachau.

1938 KZ Dachau / Plantage

Es waren vor allem katholische Priester und holländische sowie norwegische Geistliche und jüdische Häftlinge, die auf der sogenannten Plantage des Konzentrationslagers Dachau schwere Arbeiten verrichteten und zu Tode kamen. Heute stehen die historischen Bauten und ehemaligen Gewächshäuser des „SS-Kräutergartens" vor dem Verfall, eine künftige Nutzung dieser Gebäude wird gesucht.

Es gibt keine Wegweiser und keine Informationstafeln, nur der Straßenname „Am Kräutergarten" verweist auf die seltsame Vergangenheit des Ortes. An der Alten Römerstraße schräg gegenüber dem Gelände des ehemaligen Konzentrationslagers Dachau gelegen, verfallen die ehemaligen Verwaltungsgebäude des Kräutergartens. Gleiches gilt für die Gewächshäuser, bei denen teilweise nur noch die Metallskelette der Glaseinfassungen erhalten geblieben sind. Am Boden zeichnen sich noch die Umrisse der ehemaligen Pflanzenbeete ab.

Heute führt der Amper-Radwanderweg durch das Gelände, das der Stadt Dachau gehört. „Bis vor wenigen Jahren", so Tobias Schmid vom Kulturreferat, „waren der Kräutergarten und seine Geschichte völlig vergessen." Seit Jahrzehnten werden die alten Gebäuden als Unterkünfte für Obdachlose und von Dachauer Vereinen als Lagerräume genutzt. Inzwischen hat man als erste Erhaltungs-Maßnahmen den pflanzlichen Wildwuchs auf dem Gelände zurückgedrängt und die Dächer regendicht gemacht. Und jetzt steht die Frage nach der künftigen Nutzung an.

Dabei ist die Geschichte des Ortes ein seltsame Melange aus SS-Schrecken und biologisch-dynamischem Anbau, aus Esoterik und Ausbeutung,

Die Überreste der Gewächshäuser der „Plantage" im Jahre 2012.

aus Terror und Ökonomie. Seit 1938 wurde hier unter der Trägerschaft der „Reichsführung SS" durch die Zwangsarbeit der Lagerhäftlinge eine gigantische Heil- und Gewürzkräuteranlage angelegt. 1939 wurden auf einer Fläche von mehr als 100.000 Quadratmetern 68.000 Pfefferminzpflanzen, 106.000 Thymianpflanzen und 30.000 Sträucher, darunter 22.000 Johannisbeersträucher, eingesetzt. Das ganze Unternehmen stand unter dem Postulat der angestrebten Autarkie des Deutschen Reiches von ausländischen Rohstoffen, es ging um „Deutsche Gewürze". So waren die auf der Plantage angebauten Gewürze auch Grundbestandteile eines Pfefferersatzgewürzes unter dem Namen „Prittelbacher Pfeffergewürz". Die Kräuterplantage war einer der wenigen erfolgreichen SS-Betriebe. 1940 etwa orderte die Waffen-SS für 80.000 Reichsmark 4000 Kilogramm Gewürze, 1943 wurden rund 121.000 Kilogramm Ersatzpfeffer verkauft. Angebaut wurde biologisch-dynamisch.

Der wirtschaftliche Erfolg beruhte auf der Ausbeutung der KZ-Häftlinge. Die Arbeitskommandos mussten pro Tag zwölf Arbeitsstunden leisten, bereits im ersten Jahr hatte das Kommando 107 Tote. Die Arbeit musste ständig in gebückter oder hockender Haltung verrichtet werden, die Überwachung auf dem freien Felde war scharf. Dabei wurden jüdische

Die Angora-Zuchten des SS-Wirtschaftsverwaltungshauptamtes *lautete der Titel des Buches, das 1943 als Geschenk an SS-Führer Heinrich Himmler ging. Darin wird eine der bizarren Seiten des NS-Regimes deutlich: Die Aufzucht von Kaninchen in den KZs der SS für die Gewinnung von Angora-Wolle für Winteruniformen. Eines der Bilder zeigt einen SS-Offizier, der ein Kaninchen streichelt. Ein paar Hundert Meter entfernt wurden Menschen in medizinischen Experimenten gequält. Das Buch ist heute im Besitz der* Wisconsin Historical Society *in den USA.*

Häftlinge von den SS-Wachmännern aus der Umzäunung gejagt, um dann niedergeschossen zu werden. Bis 1940 starben 429 Häftlinge auf der Plantage. Einer Anweisung Himmlers zufolge sollten dort vor allem gefangene Geistliche eingesetzt werden. Der evangelische Pastor Bruno Theek erinnerte sich: Bei jedem Wetter mussten sie nur mit dem dünnen Häftlingsanzug bekleidet von morgens bis abends auf dem Boden liegend Unkraut jäten, die schwere Walze ziehen oder graben – immer angetrieben von den Schlägen der Kapos. Die meisten Geistlichen, die 1942/43 auf der Plantage starben, hätten sich wegen der schweren Arbeit den „Todeskeim" geholt, berichtete der katholische Priester Hans Carls.

Neben dieser „Hölle" gab es aber auch begehrte Kommandos wie das Tütenklebekommando, dem der österreichische Pfarrer Franz Wöß angehörte, oder das Kommando „Botanische Maler", das Zeichnungen der Kräuter verfertigte. Lagen so „Himmel" und „Hölle" für die Häftlinge dicht beieinander, fehlte es an diesem Ort auch nicht an Esoterik. So führte der Münchner Studienprofessor Dr. Josef Wimmer im Heilkräutergarten vom 21. September bis 13. Oktober 1942 mit neun Teilnehmern einen Wünschelrutengängerkurs durch.

SS-Führer Heinrich Himmler pflegte solcherart seine persönlichen Interessen am Okkulten und auch an der Naturheilkunde, 1940 wurde dem „tatkräftigen Förderer der deutschen Heilpflanzenkunde" zu seinem 40. Geburtstag das von der SS-Reichsführung veranlasste Buch *Der Kräutergarten* überreicht. Vier Jahre später erhielt er ein weiteres Buchgeschenk: Diesmal über die Angorakaninchen-Zuchten des SS-Wirtschaftsverwaltungshauptamtes, das in über 30 Konzentrationslagern an die 25.000 Kaninchen züchtete, darunter auch im KZ Dachau, nur wenige hundert Meter vom Außenkommando Kräutergarten entfernt.

Biologisch-dynamische Heilkräuter, Wünschelrutengänger, Vernichtung durch Arbeit, SS-Terror und nahe Kaninchenzucht, Todesopfer, Geistliche und Kräuter-Maler – was für ein bizarres Erbe der NS-Herrschaft.

1941 / 1997 KZ Dachau / Hebertshausen

Es ist einer jener Orte des Grauens in Westdeutschland, über denen lange der Mantel des Schweigens lag. Der „SS-Schießplatz Hebertshausen" war in den Jahren 1941 bis 1942 einer der zentralen Exekutionsorte für sowjetische Kriegsgefangene im deutschen Reichsgebiet. Gegen geltendes Völkerrecht ermordeten SS-Einheiten des Konzentrationslagers Dachau hier etwa 4.500 sowjetische Gefangene. Am 22. Juni 2011 fand dort ein Gedenkakt anlässlich der Bestattung von sterblichen Überresten der Kriegsgefan-

Der ehemalige Hinrichtungsort, nach der Befreiung
The former execution site, after liberation
Бывшее место казни, после освобождения
Foto / Photo / Фото: Karel Kašák
KZ-Gedenkstätte Dachau

Infotafel mit historischem Foto in Hebertshausen.

genen statt. „Die heutige Bestattung soll ein Zeichen gegen das Vergessen sein", so Gabriele Hammermann, Leiterin der KZ-Gedenkstätte Dachau damals in ihrer Ansprache. Charlotte Knobloch, Präsidentin der Israelitischen Kultusgemeinde München, mahnte ein „Nie wieder!" an. Es sei eine Illusion gewesen zu glauben, die Zivilisation sei eine Einbahnstraße.

Bei dem Gedenkakt erinnerten auch die Konsulare von Russland, Weißrussland und der Ukraine an die Opfer. Vertreter der Religionsgemeinschaft sprachen Totengebete zum Gedenken an die unbekannten Ermordeten. Anschließend wurden Knochenfragmente beerdigt, die bei archäologischen Grabungen auf dem ehemaligen Schießplatz im Jahre 2001 gefunden worden waren. Diese Schädelteile wurden durch rechtsmedizinische Untersuchungen eindeutig als die menschlichen Überreste der Opfer identifiziert.

Jahrzehnte lag er im Schatten des bewussten Vergessens und Verdrängens, der Schießplatz der SS in Hebertshausen nahe Dachau. Heute liegt das Gelände zwischen S-Bahn-Trasse und einer schmucken Einfamilienhaus-Siedlung. Einige Informationstafeln auf dem Gelände klären über die Hintergründe auf. So hatte der Feldzug gegen Russland auch die „Vernichtung der bolschewistischen Kommissare und der kommunistischen Intelligenz" zum Ziel. Dazu wurden die sowjetischen Kriegsgefangenen völkerrechtswidrig der SS unterstellt. In den Einsatzbefehlen Nr. 8 und Nr. 9 vom Juli 1941 für die Einsatzkommandos der Sicherheitspolizei wird die Absicht der NS-Führung deutlich. So heißt es im „Einsatzbefehl Nr. 8", das Ziel sei die „politische Überprüfung aller Lagerinsassen und weitere Behandlung". Alle bedeutenden Funktionäre des sowjetischen Staates und der Partei, alle maßgebenden Parteifunktionäre der Kommunistischen Partei, alle Volkskommissare, ehemaligen Polit-Kommissare in der Roten Armee, alle Intelligenzler und alle Juden sollten ausfindig gemacht werden. Was nach der Aussonderung geschehen sollte, stand im „Einsatzbefehl Nr. 9": Danach sollten die Exekutionen „unauffällig im nächsten Konzentrationslager" durchgeführt werden.

Die Massenexekutionen in Hebertshausen begannen im September 1941, nachdem die „Aussonderung" angelaufen war, die auf Denunziation und Folter basierte. Auf diese Weise ausgesondert wurden russische Kriegsgefangene aus den Lagern Hammelburg in der Rhön, Nürnberg-Langwasser, Memmingen im Allgäu, Moosburg und aus Stuttgart in das KZ Dachau verbracht, von ihnen hat keiner überlebt. Die ersten Massenerschießungen fanden im KZ Dachau selbst statt, später wurden aus Geheimhaltungsgründen die Exekutionen in den eineinhalb Kilometer entfernten Übungsschießplatz bei Hebertshausen verlegt. Die Erschießungen erfolgten auf eine brutale Art, so dass die Köpfe der Gefangenen durch mehrere Projektile auseinandergerissen wurden.

Nach dem Krieg wurde das Gelände von den amerikanischen Truppen übernommen. In den fünfziger Jahren ging das Areal an den Freistaat Bayern über und wurde vom Finanzministerium verwaltet. „Dessen Absicht war es anscheinend, den Gedenkort und damit auch die Geschehnisse an diesem Ort in Vergessenheit geraten zu lassen", so die bayerische Landeszentrale für politische Bildung. Der Platz verwilderte und wurde schließlich als „Wildbienenbiotop" unter Naturschutz gestellt. Erst 1997 gelang es einer Gruppe engagierter Bürger, diese staatliche Politik des Vergessens und Verdrängens aufzuhalten.

1945 / 1989 KZ Dachau / Todesmarsch

Es dauerte bis 1989, als das erste von insgesamt mittlerweile zwölf Mahnmalen aufgestellt wurde, die an den Todesmarsch der Häftlinge aus dem KZ Dachau und dem Außenlager Kaufering im April 1945 erinnern. Die Bronzeplastiken wurden von dem Künstlers Hubertus von Pilgrim gestaltet, sie zeigen eine Gruppe sich dahinschleppender KZ-Häftlinge. Zu finden sind diese Denkmäler heute in Fürstenfeldbruck, München-Allach,

Denkmal für den Todesmarsch der Dachauer KZ-Häftlinge in Gräfelfing.

München-Pasing, Gräfelfing, Planegg, Krailling, Gauting, Aufkirchen, Wolfratshausen, Geretsried und Grünwald und zeichnen den Verlauf des Todesmarsches nach. Die Inschrift lautet: „Hier führte in den letzten Kriegstagen im April 1945 der Leidensweg der Häftlinge aus dem Konzentrationslager Dachau vorbei ins Ungewisse."

Die Initiative, Denkmäler für den Todesmarsch aufzustellen, ging 1985 von der Gemeinde Gauting aus. Deren Bürgermeister Ekkehard Knobloch griff einen Antrag der Grünen und der SPD auf, zur Erinnerung an den Durchzug der KZ-Häftlinge durch Gauting ein Mahnmal zu errichten. Er regte daraufhin in einem Schreiben an rund 20 andere Städte und Gemeinden an, dem Beispiel Gauting zu folgen, um so die Route des Häftlingsmarsches zu dokumentieren.

1939 / 2009 Georg-Elser-Denkmal

Am 8. November 1939 explodierte im Bürgerbräukeller in München um 21.20 Uhr eine Bombe und tötete acht Menschen. Adolf Hitler, dem die Explosion gegolten hatte, war nicht darunter, er hatte die Versammlung – ein

Der Georg-Elser-Platz in Schwabing nahe der Universität.

Gedenken an den Putschversuch der Nazis von 1923 – vorzeitig verlassen.
Die Bombe hinter dem Rednerpult hatte Georg Elser gelegt, ein schwäbi-
scher Schreiner und Gegner der Nationalsozialisten. Er wurde noch am
Abend des Attentats verhaftet und im April 1945 in Dachau erschossen. Elser hatte in München als Untermieter in der Türkenstraße 94 gewohnt und
ein paar Häuser entfernt erinnert jetzt ein neues Denkmal an den Widerstandskämpfer: Eine fünf Meter durchmessende Installation, in der mit Ne-
onbuchstaben jeweils um 21.20 Uhr für eine Minute das Datum der Explosion aufleuchtet und dann wieder erlischt. „Die Arbeit lenkt den Blick auf
das Wesentliche – das Attentat", so die Künstlerin Silke Wagner über ihr
Werk aus Neonröhren, das an der Außenmauer einer Schule angebracht ist.
„Albern", meint hingegen Hella Schlumberger von der Georg-Elser-Initia-
tive München. Die Journalistin hätte lieber eine Skulptur des Wiener Bildhauers Alfred Hrdlicka gehabt.
    Wenn München seine politischen Toten aus dem linken Spektrum ehrt,
dann war das schon immer ein ziemliches Gewürge und die Ehrungen erfolgten in homöopathischen Dosierungen, siehe das Kurt-Eisner-Denkmal.
Auch Elser war in München lange Zeit vergessen, in den 1960er Jahren
scheiterte der Versuch, eine Straße nach ihm zu benennen. Auch hier ging

Das Bodendenkmal für Georg Elser am Gasteig ist genau zwischen den beiden Musikinstrumente-Skulpturen am Gasteig angebracht.

Die Gedenktafel befindet sich an der Stelle, an der im ehemaligen Bürgerbräukeller die Säule mit der Bombe stand, die Hitler töten sollte.

Um 21.20 Uhr wird das Elser- Denkmal für eine Minute erleuchtet.

die Erinnerungsarbeit scheibchenweise: 1989 wurde auf dem Gelände des 1979 abgerissenen Bürgerbräus eine Bodentafel angebracht, seit 2005 gibt es am dortigen Kulturzentrum eine Informationstafel. 1997 wurde auf Initiative von Hella Schlumberger ein kleiner Platz in der Türkenstraße nach Elser benannt, freilich keine Postadresse, die Häuser tragen weiter die Hausnummern der Türkenstraße. An dieser Stelle hat nun 2009 auf Antrag der Grünen im Stadtrat das Münchner Kulturreferat für 35.000 Euro das neue Elser-Denkmal realisiert, das als Sieger aus dem Künstlerwettbewerb hervorging.

„Das sieht aus wie eine Disco-Reklame", kritisierte Schlumberger die Kunstinstallation, sie hat ihre 5000 Euro, die für das Denkmal gesammelt wurden, zurückgezogen. „Das Denkmal wird nicht dem Ernst des Themas gerecht", so ihr Urteil. Der Ernst des Themas machte sich schon 1999 bei dem 60. Jahrestag des Attentats bemerkbar, als der Mitarbeiter des Chemnitzer Hannah-Arendt-Instituts für Totalitarismusforschung, Lothar Fritze, in einem Beitrag der *Frankfurter Rundschau* Elser vorwarf, die Tat sei moralisch nicht zu rechtfertigen gewesen. Unter den acht Toten und über 60 Schwerverwundeten seien viele Gesinnungsgenossen Hitlers, aber auch unbeteiligte Kellnerinnen gewesen, über deren Leben man nicht einfach verfügen hätte können. Elser, so der Vorwurf Fritzes, hätte am Ort des Anschlages bleiben und sein Leben riskieren müssen. Diese Überlegungen brachten und bringen Fritze, der seine Thesen in einem Buch noch einmal zusammenfasste, Zustimmung aus der rechten Ecke, etwa in der Wochenzeitung *Junge Freiheit*, ein. Auch bei der offiziellen Einweihung des Elser-Denkmals tauchten knapp 20 Alt- und Jungnazis, so ein Pressebericht, zu einer „Protestdemo" gegen das Denkmal für den „Sprengstoffmörder" auf.

„Wer Georg Elser die moralische Integrität abspricht, der hat nichts kapiert", lautet dazu der Kommentar von Hella Schlumberger. Die Publizistin und Filmemacherin hatte in den 1970er Jahren zusammen mit Günter Wallraff ein Buch über eine politische Verschwörung in Portugal geschrieben und sich in mehreren Büchern mit den Kurden in der Türkei beschäftigt. 2003 erschien ihr Buch *Türkenstrasse, Vorstadt und Hinterhof: Eine Chronik, erzählt*, in dem sie auch den Spuren von Georg Elser nachging.

Wie schwer man sich mit dem Ernst des Themas tun kann, zeigte 2009 im Übrigen auch die Speisekarte des am Georg-Elser-Platz gelegenen Cafés mit dem symbolträchtigen Namen „Zeitgeist". Dort wurde für 9,80 Euro ein „Frühstück Georg Elser" angeboten: Brötchen, Marmelade und zwei Eier im Glas.

Der Justizpalast an der Prielmayerstraße 7 in München war 1943 Schauplatz der Prozesse gegen die Widerstandsgruppe Weiße Rose.

1943 / 2014 – Schwurgerichtssaal und Gedenktafel

Im Sitzungssaal 216 (heute 253) des Münchner Justizpalastes begann am 22. Februar 1943 um 10.00 Uhr der Prozess gegen Sophie Scholl, Hans Scholl und Christoph Probst. Um 13.00 Uhr verkündete Richter Roland Freisler das Todesurteil für die drei Mitglieder der Widerstandsgruppe Weiße Rose, um 17.00 Uhr wurden die drei jungen Menschen im Gefängnis Stadelheim hingerichtet.

Der zweite Prozess gegen 14 Angeklagte der Weißen Rose begann am 19. April 1943 um 9.00 Uhr. Gegen 23.30 Uhr wurde das Todesurteil gegen Prof. Kurt Huber, Alexander Schmorell und Willi Graf verkündet. Schmorell und Huber wurden am 13. Juli 1943 hingerichtet, Graf am 12. Oktober 1943.

Strafrichter Roland Freisler, verantwortlich für Tausende Todesurteile im NS-Staat, starb am 3. Februar 1945 bei einem amerikanischen Bombenangriff auf Berlin. Seine Ehefrau Marion bezog nach dem Krieg eine Rente nach dem Bundesversorgungsgesetz und ab 1974 zusätzlich einen Berufsschadensausgleich. „Diese Ausgleichszahlung wurde damit begründet, dass im Falle Freisler unterstellt werden müsse, dass er, wenn er den

Der Schwurgerichtssaal 216 (heute 253) im Münchner Justizpalast, in dem 1943 Sophie Scholl und ihre Mitstreiter gegen das NS-Regime zum Tode verurteilt wurden.

An der Rückseite des Gerichtssaales befinden sich Portraits der Angeklagten, an den anderen Wänden Informationen über den Prozess und die Urteile.

Der Justizpalast an der Prielmayerstraße 7 wurde 1897 im Stil des Neobarock errichtet. Neben der Eingangstür erinnert eine Gedenktafel aus Plexiglas an die während der NS-Zeit entrechteten und verfolgten jüdischen Anwälte.

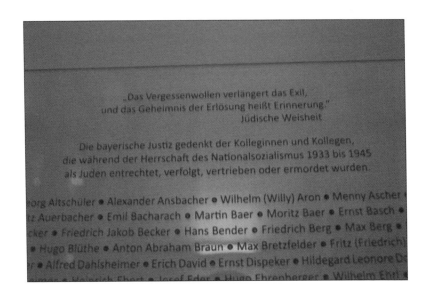

„Das Vergessenwollen verlängert das Exil,
und das Geheimnis der Erlösung heißt Erinnerung."
Jüdische Weisheit

Die bayerische Justiz gedenkt der Kolleginnen und Kollegen,
die während der Herrschaft des Nationalsozialismus 1933 bis 1945
als Juden entrechtet, verfolgt, vertrieben oder ermordet wurden.

org Altschüler • Alexander Ansbacher • Wilhelm (Willy) Aron • Menny Ascher
tz Auerbacher • Emil Bacharach • Martin Baer • Moritz Baer • Ernst Basch •
cker • Friedrich Jakob Becker • Hans Bender • Friedrich Berg • Max Berg •
• Hugo Blüthe • Anton Abraham Braun • Max Bretzfelder • Fritz (Friedrich)
r • Alfred Dahlsheimer • Erich David • Ernst Dispeker • Hildegard Leonore D

Krieg überlebt hätte, als Rechtsanwalt oder Beamter des höheren Dienstes ein höheres Einkommen erzielt hätte."[82]

Der Schwurgerichtssaal, in dem der Prozess stattfand, ist heute im 2. Stock unter der Saalnummer 253 im Justizpalast an der Prielmayerstraße 7 montags bis donnerstags von 9.00 bis 15.00 Uhr zu besichtigen, freitags von 9.00 bis 14.00 Uhr.

Gedenktafel für verfolgte jüdische Juristen

Im Justizpalast wird seit 13. Mai 2014 auch mit einer Gedenktafel direkt am Haupteingang an die jüdischen Juristen in der bayerischen Justiz gedacht, die während der Herrschaft des Nationalsozialismus entrechtet, vertrieben, verfolgt oder ermordet wurden. „Auf der Gedenktafel stehen 210 Namen für 210 Einzelschicksale. Es handelt sich um die Namen von 210 Richtern, Staatsanwälten, Notaren, Justizinspektoren, Angestellten und Rechtsreferendaren, die allein aufgrund ihrer jüdischen Abstammung an ihrer weiteren Berufsausübung gehindert wurden. Nicht wenige von ihnen wurden später in Konzentrationslagern grausam ermordet. Andere entgingen diesem Schicksal durch Emigration oder Selbstmord. Mit unserer Gedenktafel wollen wir die Ausgrenzung, Entrechtung, Vertreibung und Vernichtung jüdischer Justizbediensteter und Notare in Bayern sowie ihr persönliches Leid und das ihrer Familien sichtbar machen. Die Tafel veranlasst uns aufzumerken, damit nicht in Vergessenheit gerät, was nie wieder passieren darf!", so der Amtschef des Bayerischen Justizministeriums, Ministerialdirektor Walter Schön bei der Einweihung.

1942 / 1973 Gefängnis Stadelheim

Das Gefängnis an der Stadelheimer Straße 12 diente neben dem Strafvollzug in der ersten Hälfte des 20. Jahrhunderts vor allem als Mordanstalt, in der politische Gegner – in Bayern also meist Linksstehende – umgebracht wurden. Es ist der Ort, an dem während der Räterevolution Gustav Landauer erschlagen und Arbeiter erschossen wurden, auch Eugen Leviné fand hier durch Gerichtsurteil den Tod. Ganz ohne Urteil ging es 1934, als Hitler in Stadelheim einige Mitglieder der aufmüpfig gewordenen SA – darunter seinen früheren Kampfgefährten und SA-Führer Ernst Röhm – erschießen ließ. Danach wurden in Stadelheim durch Justizmord mindestens 1000 Menschen durch das Fallbeil hingerichtet, die heute bekanntesten Opfer der nationalsozialistischen Justizmaschine waren die Geschwister Scholl. Unter den Hingerichteten fanden sich Widerstandskämpfer aus verschiedenen Nationen, Sozialdemokraten, Kommunisten, Gewerkschafter.

Der Erinnerungsort im Gefängnis Stadelheim zeigt am Boden einen symbolischen Richtblock.

Es dauerte bis 1973, als im Zuge eines Neubaus der Haftanstalt eine Gedenkstätte an diesem mit Blut getränkten Ort errichtet wurde. Sie ist heute öffentlich zugänglich. Wer sie besuchen will, muss sich erst in der unterirdisch gelegenen Hauptpforte der Justizvollzugsanstalt melden. Danach geht es rechter Hand zu einer Sicherheitsschleuse mit Metalldetektor. Hinter dem Stuhl des wachhabenden Beamten öffnet sich eine unscheinbare Tür und führt über einen kleinen Gang zu einem seltsamen Raum: Mit quadratischem Grundriss von sechs mal sechs Metern, umgeben von drei Metern hohen Betonwänden, nach oben hin offen. Rechts in der Ecke ragt ein Block mit unleserlicher Inschrift aus dem Boden. Zwei Topfpflanzen befinden sich in dem ansonsten kahlen Raum. „Die den Opfern der Gewaltherrschaft des Nationalsozialismus gewidmete Gedenkstätte versucht, Brutalität und Unmenschlichkeit dieses Terrorregimes einerseits sowie Verlorenheit und Hoffnungslosigkeit der wegen ihrer Überzeugung verfolgten Widerstandskämpfer andererseits zum Ausdruck zu bringen", so der Bildhauer Wilhelm Breitsameder zu seinem Werk.[83] Die Öffnung nach oben sei Ausdruck der Hoffnung.

Die Gedenkstätte thematisiert zum einen nur die Opfer des Nationalsozialismus und wurde zum anderen so versteckt angelegt (auch fern des ehemaligen Hinrichtungsortes), dass kaum ein Münchner von ihrer Existenz weiß. Es scheint, als sei die Unsichtbarkeit dieser wenig aussagekräftigen Gedenkstätte gewollt.

Bizarre Debatte um Guillotine

2014 kam es zu einer seltsamen Diskussion in München. Bis dahin war das Bayerische Nationalmuseum eher dafür bekannt, sich mit dem Tafelsilber und anderen Haushaltsgegenständen der Wittelsbacher zu beschäftigen: der Ehrentafel des bayerischen Herrscherhauses von 1726 etwa, ausgestellt in Saal 67. Oder den barocken Jagdwaffen des Kurfürsten Johann Wilhelm von der Pfalz, zu besichtigen in Saal 66. Nicht ausgestellt hat das Museum dagegen ein moderneres Tötungsgerät: Das Fallbeil, mit dem in der Nazi-Zeit Tausende Menschen legal ermordet wurden, darunter die Geschwister Scholl. Jahrzehnte lagerte die Guillotine im Museums-Depot und kam erst jetzt an das Tageslicht der Öffentlichkeit. Es folgte eine Diskussion, ob die Mordmaschine öffentlich ausgestellt werden soll.

Anfang der 1970er Jahre wurden doch sehr spezielle Stücke an das Museum geliefert: Es handelte sich um „fünf schwere, tischartige Unter-bauten" und einen einzelnen „senkrechten, eisernen Rahmen zur Führung des Fallbeils" sowie weitere Zubehörteile zur Montage. Ein Unterbau kam aus der Justizvollzugsanstalt Augsburg, der Rest der Teile aus dem Ge-fängnis in Regensburg. Lange Jahre lagen diese Teile einzeln in Holzkisten verpackt im Depot der Sammlung „Straf- und Rechtsaltertümer", neben „Schandmasken" und alten Richtschwertern. Bis ein Rundfunk-Journalist durch verzweigte Recherchen auf die Guillotine-Teile stieß. Daraufhin öff-nete das Museum die Kisten und baute das Fallbeil zusammen – für ein Foto. Dann wurde die Guillotine wieder zerlegt und kam zurück ins Depot.

Eine der Fragen war, ob die Maschine wirklich jenes Fallbeil ist, mit dem der amtliche Scharfrichter Johann Reichhart in der Nazizeit 2805 Hin-richtungen vornahm, mehr als 1000 davon im Münchner Gefängnis Sta-delheim. Dort wurden 1943 auch Hans und Sophie Scholl sowie andere Mitglieder der *Weißen Rose* hingerichtet. Diese Frage, so das Museum in einer Presseerklärung von 2014, sei noch nicht mit Sicherheit geklärt, doch es gebe „verschiedene Hinweise". So zeichnet sich eine der Unterbauten durch eine bauliche Veränderung aus, die dem Scharfrichter Reichhart zu-geschrieben wird. Er entfernte das Kippbrett, auf dem die Delinquenten stehend angeschnallt wurden. Stattdessen wurden die Opfer von Helfern auf die Richtbank niedergedrückt, bis das Fallbeil fiel, das sparte Zeit.

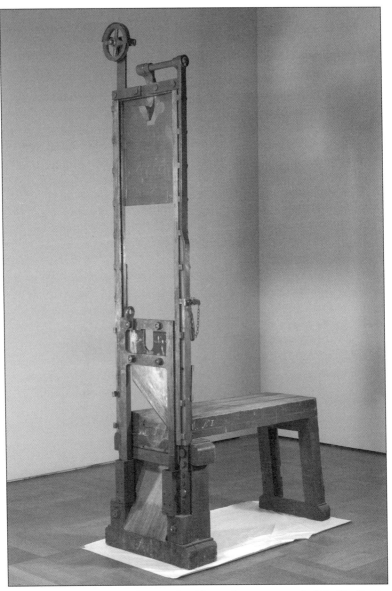

*Wurde im Januar 2014 im Bayerischen Nationalmuseum „entdeckt": Die Guillo-
tine aus dem Gefängnis Stadelheim, mit der die Justizmorde ausgeführt wurden.
(Foto: © Bayerisches Nationalmuseum, München, Walter Haberland)*

Für den bayerischen Scharfrichter Reichhart waren mit Beginn der Nazizeit goldene Zeiten angebrochen. Zuvor war das Töten nur ein Zubrot gewesen, seinen Lebensunterhalt verdiente er mal als Gastwirt, mal als Tanzlehrer. Nach 1933 wurde sein Jahresgehalt als Henker auf 3000 Reichsmark erhöht und er wurde mit einem „Opel Blitz" Geschäftsreisender in Sachen Tod: Er waltete später neben Bayern auch in Sachsen, Hessen, Böhmen und Österreich seines Amtes. Obwohl 1941 die Sonderzahlungen für Hinrichtungen von 60 auf 40 Mark gesenkt wurden, brachte es Reichhart zu ansehnlichem Wohlstand: Allein 1942 erhielt er neben seiner Grundvergütung von 3000 Mark Sondervergütungen von 35.790 Mark für 764 Enthauptungen.

Wurde das Geld nun mit jenem Fallbeil aus dem Nationalmuseum „erwirtschaftet"? „Der Unterbau ist an der Seite mit 'M Nr. 1' und am unteren Ende mit einem A gekennzeichnet, was als Hinweis auf die Vorrangstellung, welche die Stadelheimer Guillotine hatte, interpretiert werden könnte", so das Museum. Und: „Auf die Zusammengehörigkeit mit dem senkrechten Rahmen könnte die Markierung M verweisen, die sich an den Bolzen, mit denen das Messer im Schlitten fixiert wird und am Transportkasten des Messers befindet."

Soweit also mehr oder weniger eindeutig. Und jetzt? Nun, hieß es seitens des Museums, sei im Umgang mit diesem „historisch bedeutsamen Stück" ein „Höchstmaß an Sensibilität und Pietät" geboten. Auch der für Kunst zuständige bayerische Staatsminister Ludwig Spaenle (CSU) mahnte einen „sensiblen und pietätvollen" Umgang mit dem Fund an. Lokalzeitungen diskutierten das Für und Wider einer öffentlichen Zurschaustellung.

An dieser Stelle könnte jetzt dem kritischen Beobachter doch sehr aufstoßen, dass hier Würde, Pietät und Sensibilität für einen Gegenstand gefordert wird, während den tausenden Opfern, die durch die Maschine getötet wurden, dergleichen lange verwehrt wurde. Gemeint sind damit jene Hingerichteten, die im Schatten der Vorzeige-Widerständler der *Weißen Rose* stehen und öffentlich kaum wahrgenommen werden. Man hat im wahrsten Sinne des Wortes Gras über sie wachsen lassen.

1942 / 1950 / 1954 Friedhof Perlacher Forst

In Stadelheim wurden durch Justizmord mindestens 1000 Menschen durch das Fallbeil hingerichtet, die heute bekanntesten Opfer der nationalsozialistischen Justizmaschine waren die Geschwister Scholl. Unter den Hingerichteten fanden sich aber auch Widerstandskämpfer verschiedener Nationalitäten, Sozialdemokraten, Kommunisten, Gewerkschafter. Diese, im

Grab-Gedenkstein auf dem Friedhof Perlacher Forst für KZ-Häftlinge aus Dachau.

Nazijargon, politischen „Verbrecher" sollen auch nach ihrem Tod ausge-
löscht bleiben, die Herausgabe und Bestattung der Leichname wurde verweigert. Sie mussten stattdessen der Anatomie übergeben werden, wenn
diese überfüllt war, wurden sie in Massengräbern eingescharrt, ohne Grab-
kreuze und Namen.

Unmittelbar neben dem Gefängnis liegt der Friedhof Perlacher Forst
(an der Stadelheimer Straße 24), auf dem die Gräber und Mahnmale der
in Stadelheim Ermordeten zu finden sind. So befinden sich die Gräber von
Hans und Sophie Scholl und Christoph Probst nebeneinander in der Sektion 73. Unweit davon liegt der KZ-Ehrenhain (zwischen Sektion 56 und
63), dort wurden 1950 rund 4000 Urnen mit der Asche von KZ-Häftlingen
aus Dachau und anderswo bestattet.

1954 wurden auf Beschluss des Münchner Stadtrates auf dem Friedhof
am Perlacher Forst die sterblichen Überreste von 95 Opfern der politischen
NS-Justiz, die von 1942 bis 1945 in Stadelheim hingerichtet wurden, aus
Reihengräbern in ein Sammelgrab umgebettet, das die Bezeichnung „Sammelgrab II/KZ Ehrenhain" erhielt. Dieses Sammelgrab, das nur durch
Bepflanzung markiert war, geriet schnell in Vergessenheit, was blieb, war
ein Rasenstreifen ohne jeglichen Hinweis auf die Opfer. Erst 1996 wurde

durch das Engagement einer Bürgerin ein Grabstein mit den Namen der Toten errichtet und diese so aus der Anonymität geholt, die ihnen das NS-Regime zugedacht hatte.

Die meisten waren Mitglieder von Widerstandsgruppen, wie zum Beispiel Jaroslav Dolak. Von Beruf Buchdrucker, war er „seit seiner Jugend Mitglied der tschechoslowakischen kommunistischen Partei. Nach der Besetzung durch deutsche Truppen war er im Geheimen für seine Partei tätig. Am 31. Mai 1940 wurde er verhaftet und kam in das Prager Gefängnis 'Pankrac', später nach Theresienstadt, München und Berlin. Von dort überführte man ihn nach München-Stadelheim."[84] Am 31. August 1942 wurde der 32-Jährige mit zwölf weiteren Gruppenmitgliedern in Stadelheim hingerichtet.

Scharfrichter Reichharts Karriere war 1945 nicht zu Ende. Er wurde in Landsberg am Lech als Henker für 156 verurteilte Kriegsverbrecher eingesetzt. Sein Sohn beging 1950 Suizid, er selbst starb 1972. Die Todesstrafe stand übrigens bis 1998 in der Bayerischen Verfassung.

1945 / 1984 Gedenktafel „Freiheitsaktion Bayern"

Am 28. April 1945, zwei Tage vor dem Einmarsch der Amerikaner in München, rief die von Hauptmann Rupprecht Gerngroß, Chef der Dolmetscher-Kompanie im Wehrkreis VII, ins Leben gerufene „Freiheitsaktion Bayern" zum Widerstand auf. Freilich eine „dilettantisch inszenierte, amateurhaft ausgeführte Aktion, ein Flop auf der ganzen Linie, der noch über fünfzig Tote forderte", so das Urteil der Münchner Schriftstellerin Hella Schlumberger.[85] Unter den Toten waren auch fünf Männer, die im Hof des heutigen Landwirtschaftsministeriums an der Ludwigstraße 2 „standrechtlich" erschossen wurden. 1984 wurde dort im Arkadenhof eine Gedenktafel angebracht: „Zur Erinnerung an die letzten Opfer nationalsozialistischen Terrors in München. In diesem Haus, dem ehemaligen Zentralministerium, wurden am 28. und 29. IV 1945 zum Tode verurteilt Hans Scharrer Günther Caracciola-Delbrück Maximilian Roth Harald Dohrn Hans Quecke."

Der Streit um „Stolpersteine"

München ist schon ein spezielles Pflaster. Dass „Stolpersteine" mit den Namen von Soldaten der Waffen-SS überklebt werden wie 2012 in Wismar oder dass sie aus dem Boden gerissen werden wie in Greifswald, das wäre hier nicht möglich. Denn die Stadt München hat mit Stadtratsbeschluss vom Juni 2004 das Verlegen von Stolpersteinen auf öffentlichen Grund verboten. Doch die Debatte um diese Art der Erinnerung an die Opfer des

Nationalsozialismus hält in der ehemaligen „Hauptstadt der Bewegung" unvermindert an. „Wir vertrauen darauf, dass diese Idee so gut ist, dass sie sich auch in München durchsetzen wird", sagt zum Beispiel Janne Weinzierl von der Münchner *Initiative Stolpersteine für München*. Die wurde 2008 als Verein gegründet, zählt 60 Mitglieder und ein paar Hundert Unterstützer.

Die „Idee" wiederum, sie stammt von dem Kölner Künstler Gunter Demnig. Seit 1992 verlegt er kubische Betonsteine mit zehn Zentimetern Kantenlänge, auf deren Oberseite in einer Messingplatte die Daten von Opfern des Nationalsozialismus eingraviert sind. Die Steine werden in der Regel vor dem letzten freiwilligen Wohnort dieser Opfer in das Pflaster des Gehweges eingelassen. Ein Stolperstein kostet rund 120 Euro, mittlerweile hat Demnig im Rahmen seines Kunstprojektes 38.000 Steine in 750 Städten verlegt.

Auch in München, in der Mauerkirchner Straße 13. Dort wohnten Siegfried und Paula Jordan, bis das jüdische Ehepaar 1941 in das litauische Kaunas deportiert und dort ermordet wurde. Die Stolpersteine hatte Peter Jordan, der in England lebende hochbetagte Sohn der Jordans, veranlasst. Wegen des Stadtratsbeschlusses wurden sie nach kurzer Zeit allerdings wieder aus dem Pflaster entfernt. Seitdem war Peter Jordan auf die Israelitische Kultusgemeinde Münchens nicht gut zu sprechen.

Denn deren Präsidentin, Charlotte Knobloch, hatte sich vehement gegen diese Art der Erinnerung ausgesprochen. Es sei nicht hinnehmbar, dass die Namen von jüdischen Opfern des Nationalsozialismus „im Straßenschmutz" angebracht und mit den Füßen getreten werden. Der Stadtrat gab weiter zu bedenken: dass eine geringe Zahl dieser Steine das Ausmaß der Nazi-Verbrechen mit 4500 jüdischen Opfern allein in München eher verharmlosen würde; dass die Auswahl der Opfer schwierig sei; dass der alltägliche Gebrauch der Bürgersteige eher eine Vernachlässigung des Themas anstatt Nachdenklichkeit auslösen würde. Außerdem habe die Landeshauptstadt „wesentlich besser geeignete Formen des Gedenkens" realisiert. Auch das Wort „Geldschneiderei" fiel in der öffentlichen Debatte.

Nicht alle Mitglieder der jüdischen Gemeinde teilten die Ansicht von Charlotte Knobloch und aus der Münchner SPD, die damals im Rathaus die Mehrheit stellte, gab es kräftigen Gegenwind. So sprachen sich neben einem SPD-Parteitag auch mehrere sozialdemokratisch dominierte Bezirksausschüsse für die Anbringung von Stolpersteinen aus. Zum Beispiel der Bezirksausschuss Schwabing-Freimann, in dem SPD-Mitglied und Stolperstein-Befürworterin Janne Weinzierl tätig ist. Vor kurzem hat sie bei

*Stolperstein an der Sendlinger Kyreinstraße Nr. 3 für Wilhelm Mamma, der 1941
nach Litauen deportiert und dort ermordet wurde.*

dem Bürgermitmachwettbewerb *München Mitdenken* mit ihrem erneuten
Vorstoß für die Stolpersteine den zweiten Platz gemacht. „Inzwischen muss
man sich als Münchner schämen, wenn man sieht, wie alle anderen großen
deutschen Städte diese Form der unmittelbaren Erinnerung verwirklichen",
so der TV-Journalist Gerd Heidenreich in einem Kommentar zum Wettbewerb. Der Stadtrat, Oberbürgermeister Christian Ude und Frau Knobloch
hätten sich seinerzeit festgelegt und steckten jetzt „in der Reuse und können nicht mehr zurück".

Die Stolpersteine werden mittlerweile in München auf Privatgrund verlegt, etwa in der Victor-Scheffel-Straße oder in der Kyreinstraße 3. Auf
dem dortigen privaten Anwesen wurden 2009 von Künstler Gunter Demnig
elf Steine angebracht, sie sollen an die von den Nazis ermordeten Sendlinger Bürger erinnern. Angestoßen hat die Aktion die *Initiative Historische
Lernorte Sendling*, die Eigentümergemeinschaft der Kyreinstraße 3 zog
mit. Mittlerweile gibt es in München 17 Stolpersteine an fünf Privatgrund-
stücken. „Wir arbeiten stetig im Untergrund weiter", so Janne Weinzierl
über die Aktivitäten ihres Vereins.

Wie kompliziert dies mitunter sein kann, zeigt das Beispiel der Arcisstraße Nr. 12. Dort ist heute die Staatliche Musikhochschule unterge-

bracht, das Gebäude selbst ist Teil der Naziarchitektur, es fungierte als
„Führerbau". Bis 2011 war der Eingangsbereich der Musikhochschule auch
der Ort einer Kunstinstallation mit 25 Stolpersteinen. „Hier wohnte Otto
Binder, Jg. 1904, 7 Mal in Gestapohaft, Hingerichtet 28.6.1944 Fallbeil
Gefängnis Stadelheim" war auf einem der Steine zu lesen. „Beherbergt"
wurden die Stolpersteine, weil die Musikhochschule kein städtischer, sondern staatlicher Grund ist. Bis die Feuerwehr kam und die Kunstinstallation
wegen Brandschutzmaßnahmen verbannte. Jetzt lagern die 25 Stolpersteine im Keller im zweiten Untergeschoss und warten auf bessere Zeiten.

Gedenken der jüdische Opfer

Aus München wurden an die 4500 jüdische Bürger deportiert und ermordet. In der Stadt erinnern eine ganze Reihe von Gedenkstätten an diese Opfer. Vom jüdischen Deportationslager in der Knorrstraße 148 in Milberts-
hofen über die Gedenktafel für das jüdische Kinderheim in der
Antonienstraße 6 in Schwabing bis zum neuen jüdischen Gemeindezent-
rum am Jacobsplatz. Eine einzige Erinnerungsstätte an die Opfer des Nationalsozialismus ist auch der Neue Israelitische Friedhof im Norden Münchens in der Garchinger Straße 37: Dort wird auf vielen Grabsteinen der
Opfer des Holocaust gedacht.

Denkmalsliste

Die Stadt München hat eine Liste mit 394 Münchner Erinnerungsorten im
Kontext der NS-Zeit aufgestellt, die veröffentlicht werden soll. Aufgeführt
wurden grundsätzlich alle Objekte, die im öffentlichen Raum sichtbar sind,
wie etwa Tafeln, Steine, Stelen, Denkmäler. Die Benennungen von Straßen
und Plätzen sind ebenfalls aufgenommen. Auch Schulen, Kultur- und Bil-
dungseinrichtungen und „gewidmete" Räume / Säle sind enthalten. Die
Ausreichung des Geschwister-Scholl-Preises ist zudem genauso einbezo-
gen wie beispielsweise die Orte, an denen „Stolpersteine" verlegt wurden.
Hinzu kommen Ehrengräber wie auch Grabanlagen und Ehrenhaine, die an
KZ-Häftlinge, Kriegsgefangene und politisch Verfolgte erinnern. Darüber
hinaus sind auch Gedenkorte für die gefallenen Soldaten des Zweiten Welt-
kriegs enthalten sowie die Erinnerungszeichen für die Opfer des Luftkriegs
in München. Eine Gleichsetzung der Opfer der NS-Verfolgung mit den Opfern des Krieges wird damit ausdrücklich nicht vorgenommen, so die Stadt.
Eine wesentliche Quelle für die Liste war die dreibändige Publikation von
Helga Pförtner *Mit der Geschichte leben* zu den Erinnerungsorten für die
Opfer des Nationalsozialismus in München.

Auf den Spuren des Nationalsozialismus

Beginnen wir diesen Rundgang in der Schellingstraße Nummer 50. Im Hinterhaus des Anwesens hatte von 1925 bis 1931 die NSDAP ihre Parteizentrale, hier war sich auch das Atelier von Hitlers Hoffotografen Heinrich Hoffmann. Heute befindet sich im Hinterhof des roten Wohnhauses ein Atelier und der Hof ist nicht öffentlich zugänglich. Über der Eingangstüre ist noch der Reichsadler zu sehen, das Hakenkreuz wurde herausgeschlagen. Es macht Sinn, den Rundgang hier zu beginnen, verweist doch die Adresse auf das Umfeld der Münchner Bohème, aus dem der „Kunstmaler" Hitler kam. Die Parteizentrale, die hier nach Hitlers Festungshaft (wegen seines Putschversuches vom November 1923) und der Wiederzulassung der Partei 1925 eröffnet wurde, befand sich mitten in Schwabing, dem Viertel der Künstler und Schriftsteller. Hier fungierte ab 1929 Himmler als Propagandaleiter.

An der Schellingstraße Nr. 50 findet sich noch immer der Reichsadler über dem Eingang, hier befand sich bis 1931 die Parteizentrale der NSDAP.

Nur wenige Gehminuten entfernt liegt an der Ecke Barer/Schelling-
straße der Schellingsalon, eine Gaststätte mit vielen Billardtischen. Hier
verkehrte Hitler ebenso wie in der nahen Osteria in der Schellingstraße 62.

Die Schellingstraße stößt schließlich auf die Arcisstraße und diese führt
stadteinwärts hin zu den zentralen Orten der NSDAP nach der Machtergreifung. Rechter Hand liegt hinter der Mensa der Technischen Universität der Königsplatz, der mit den beiden „Ehrentempeln" rechts und links
der Brienner Straße zum Aufmarschplatz der Partei wurde. Gegenüber der
Mensa liegt der „Führerbau", der von Herbst 1933 bis 1937 errichtet wurde. Hier befand sich das Büro von Parteichef Hitler und seinen Stellver-
tretern, das Gebäude diente vor allem der Repräsentation, zur Eröffnung
im September 1937 war auch Italiens Faschistenführer Benito Mussolini
anwesend. Hier wurde im September 1938 auch das Münchner Abkommen
unterschrieben, eine Tafel in Raum 105 verweist darauf. Heute befindet
sich in dem Gebäude die Staatliche Musikhochschule. Auf der anderen Seite der Brienner Straße steht symmetrisch der Bau der Parteileitung, hier

*Der „Führerbau" an der Arcisstraße, heute ist dort die Musikhochschule unterge-
bracht.*

wurden die Karteikarten der Parteimitglieder aufbewahrt. In den Räumen ist heute die Graphische Sammlung untergebracht.

Zwischen den Parteibauten befand sich an der Brienner Straße das „Braune Haus", ab 1931 die Parteizentrale der NSDAP. Heute steht dort das Dokumentationszentrum zum Nationalsozialismus in München. Die Ausstellung ist sehr informativ, man sollte sich mindestens zwei Stunden Zeit nehmen. Folgt man der Brienner Straße zum Karolinenplatz, findet man sich der Hausnummer Fünf gegenüber, dort ist im Prinz-Georg-Palais die Geschäftsstelle des Sparkassenverbandes Bayern untergebracht. 1919 wurden im Keller des Anwesens 21 Mitglieder der Kolping-Jugend von Weißen Truppen ermordet (siehe Kapitel 1). Im zweiten Stock residierte von 1908 bis 1931 die Verlegerfamilie Bruckmann, dort wurde Hitler nach seiner Festungshaft am 23. Dezember 1924 im Salon empfangen und von Elsa Bruckmann in die Münchner Gesellschaft eingeführt. Bruckmann half auch, den Kauf des „Braunen Hauses" durch die NSDAP zu finanzieren.

Vom Karolinenplatz geht unser Weg die Brienner Straße entlang bis zur Ecke Türkenstraße. Dort befand sich das Wittelsbacher Palais, das ab

Der Reichsadler am Gebäude der Finanzdirektion an der Sophienstraße 6.

1933 als Sitz der Politischen Polizei und der Gestapo und als berüchtigtes
Folterzentrum diente. Es wurde 1944 durch Bomben beschädigt und nach
dem Krieg abgerissen. Wie lange Zeit und so oft in München blieb dieser
Erinnerungsort unberücksichtigt, heute steht dort ein moderner Bau der
Landesbank Bayern. Eine versteckte Bronzetafel erinnert seit 1984 schüch-
tern an das „Dienstgebäude" der dienstlichen Folterer. Der Brienner Straße
weiter folgend findet sich an der Ecke Oskar-von-Miller-Ring rechter Hand
der „Platz der Opfer des Nationalsozialismus" mit einer Stele und einer
Ewigen Flamme. Kritiker warfen diesem unscheinbaren Denkmalsort vor,
lediglich eine „Alibifunktion" des Erinnerns einzunehmen, peinlich sei der
Stadtratsbeschluss gewesen, die Ewige Flamme aus Kostengründen nur an
besonderen Feiertagen brennen zu lassen. Der Platz wurde 2014 völlig neu
gestaltet.

Von hier geht es geradeaus weiter zum Odeonsplatz mit der Feldherrnhalle zu rechter Hand – Ort des Hitlerputsches von 1923 –, wir aber wen-
den uns nach links die Ludwigstraße hinunter. An der Ecke Galeriestraße
finden wir das bayerische Landwirtschaftsministerium, in dessen Hof die
Mitglieder der „Freiheitsaktion Bayern" erschossen wurden, an sie erinnert

*Der Walter-Klingenbeck-Weg in Klingenbecksbecks Heimatviertel Maxvorstadt
führt von der Kaulbachstraße zur Ludwigstraße.*

Walter Klingenbeck war Mitglied einer oppositionellen Jugendgruppe gegen das NS-Regime und wurde im August 1943 im Alter von 19 Jahren in Stadelheim hingerichtet.

im Innenhof eine Tafel. Auf dem Weg weiter die Ludwigstraße hinab überqueren wir die Schönfeldstraße, an ihr liegt das Staatsarchiv München mit den Akten über die Zeit des Nationalsozialismus, zum Beispiel die Unterlagen zu den weiblichen Häftlingen von Aichach.

Nach der bayerischen Staatsbibliothek zweigt rechts der Walter-Klingenbeck-Weg ab, er erinnert an den jungen Katholiken, der wegen Widerstands gegen das NS-Regime 1943 in Stadelheim hingerichtet wurde. Schließlich gelangen wir zur Ludwig-Maximilians-Universität. Auf dem Vorplatz, dem Geschwister-Scholl-Platz (rechts der Professor-Huber-Platz) finden sich vor dem Haupteingang der Uni mehrere Bodendenkmäler: Metallene Faksimiles der von der Widerstandsgruppe Scholl verbreiteten Flugblätter. Von hier aus sind es nur ein paar Schritte in das Gebäude hinein zum Lichthof, in dem die Flugblätter abgeworfen wurden. Unter ihm befindet sich der Geschwister-Scholl-Gedächtnisraum.

Ein schwarzer Steinkubus erinnert seit 1996 im Hofgarten an den Widerstand gegen das NS-Regime und an die ermordeten Juden. Der Stein am Eingang zu den freigelegten Renaissance-Arkaden auf der Rückseite der Bayerischen Staatskanzlei ist mit Zitaten aus den Flugblättern der Widerstandsgruppe „Weiße Rose" versehen.

Die Ewige Flamme am Platz der Opfer des Nationalsozialismus. Die Gedenkstätte wurde bereits 1946 durch den Münchner Stadtrat eingerichtet, doch führte der Platz jahrzehntelang ein Schattendasein zwischen Parkplätzen und Autoverkehr – er stand damit stellvertretend für das Vergessen gegenüber der NS-Zeit. Erst 2014 erhielt der Platz durch eine Neugestaltung ein würdiges Ambiente. Die Flamme hinter Gittern steht als „Zeichen des Lebendigen gegenüber der starren Struktur der Ideologie".

„Man kann der heute noch freien Welt das Zeugnis nicht versagen, daß sie unter der Führung der Vereinigten Staaten von Amerika bemüht ist, alle ihr verfügbaren Kräfte zusammenzuraffen, um sie dem Angriff des Bolschewismus entgegenzustellen. Die Aussichten auf Erfolg werden verschieden beurteilt, und in der Tat scheint es völlig offen zu sein, welche der beiden Machtgruppen auf die Dauer die Oberhand behalten wird...“[86]

4.   Von 1945 bis in die Sechziger Jahre

Die Befreiung

Am Nachmittag des 30. April 1945 rückten Truppen der amerikanischen 7. Armee von Nordwesten ohne größere Kampfhandlungen nach München ein. Es war ein Montag und der Tag, an dem Adolf Hitler im Berliner Bunker Selbstmord beging; der Krieg dauerte noch eine Woche bis Dienstag, den 8. Mai, an. Die Münchner Bevölkerung empfing die Amerikaner am Straßenrand winkend mit weißen Fahnen. „Das Dröhnen der anrollenden Panzer war schon zu hören. Überall an den Fenstern zur Straße kamen flugs weiße 'Fahnen', besser gesagt weiße Tücher zum Vorschein als Zeichen der Widerstandslosigkeit. Da nicht geschossen wurde, hatte ich keine Angst, und ein paar junge Leute liefen mit mir den Kampfgruppen entgegen. Links und rechts marschierten hintereinander die Stoßtrupps der 7. Armee in Richtung Marienplatz. Viele Negersoldaten waren drunter. Am Siegestor hielt kurz einer der Panzer an. Wir winkten ihnen zu, und einer warf uns Schokolade und Kaugummi zu, dann rollte er weiter. Diesen Tag werde ich nie vergessen.“ So beschreibt der 16-jährige Fritz Grundner aus der Schellingstraße 5 das Kriegsende in München.[87]

Am Tage der Befreiung Münchens befand sich Heinrich Himmler mit seinem Stab im Norden Deutschlands, in Schwerin. Am 17. April hatte er seiner Familie aus Berlin noch einen Brief geschrieben („Und doch – es wird, das ist mein fester Glaube, sich alles doch noch zum Guten wenden. Aber schwer ist es.“) und Anweisungen zur Flucht gegeben.[88] Himmlers Ehefrau Margarete wurde zusammen mit ihrer Tochter Gudrun am 13. Mai 1945 in Südtirol nahe der Villa des SS-Generals Karl Wolff von US-

Truppen verhaftet, Mutter und Tochter verbrachten daraufhin eineinhalb
Jahre in verschiedenen Gefangenenlager.[89] Beide sollten im Nürnberger
Kriegsverbrecherprozess aussagen und wurden 1946 aus dem Lager Lud-
wigsburg entlassen. Danach fanden sie Zuflucht in der Heilanstalt Bethel
des Pastors Bodelschwingh. Himmlers Geliebte Hedwig Potthast wurde
bei Rosenheim von den Amerikanern verhaftet und eine Woche lang in
München verhört.

Die inzwischen erwachsenen Töchter von Walburga Weber gründen
nach dem Krieg eigene Familien. Im Dezember 1949 machen sie einen
Versuch der Nachforschung, was mit der Mutter geschehen ist. Die Staatsanwaltschaft München I erklärt lapidar und fälschlicherweise: „Am 26.3.43
erfolgte Überstellung an das Kon.L. Mauthausen." Und: „Die Akten sind
durch Feindeinwirkung vernichtet." Das war's dann von Seiten der Justiz
in Sachen Justizmord.

Die Amerikaner bleiben lange in München. Im Süden, an der Tegernseer Landstraße, bauen sie das Gelände um die ehemalige Reichszeugmeisterei zur McGraw-Kaserne aus, das ehemalige Nazi-Gebäude wird zum
Hauptsitz der Militärverwaltung. Darum herum werden im Laufe der Jahre
amerikanische Wohnsiedlungen, Schulen, Kaufhäuser und Hospitäler errichtet. Neben den Panzern und der Demokratie bringen die Amerikaner
den Kaugummi, chromblitzende Straßenkreuzer, Hamburger und Musik
mit. Der in München stationierte AFN, der Sender für die Angehörigen der
amerikanischen Streitkräfte, wird für Jüngere zur Quelle der Inspiration
und von hier aus treten der Jazz, der Blues und der Rock'n'Roll ihren Weg
durch die deutschen Ohren an, in denen noch immer die Marschtritte der
Nazis nachhallten. Freilich, die „Negermusik" bleibt bis weit in die 1960er
Jahre Konfliktstoff in den Familien. Der Sender ist in der Kaulbachstraße 15 untergebracht, die Villa des Malers Friedrich August von Kaulbach
(1850–1920) diente von 1933 bis 1945 als Wohnsitz für die NS-Gauleiter
Adolf Wagner und Paul Giesler, über ein Kabel bestand eine direkte Verbindung zum Sender in Ismaning, was das Gebäude interessant für die
Amerikaner machte.

Anschwellender Streit um „Trümmerfrauen"

München war 1945 wie andere deutsche Großstädte auch durch alliierte Bombenangriffe zu großen Teilen zerstört, der nationalsozialistische Größenwahn endete in Ruinen. Mehr als 6000 Zivilisten hatten durch Hitlers Krieg in der Stadt ihr Leben verloren, mehr als 15.000 waren verwundet worden. Die Innenstadt war zu 90 Prozent in Schutt und Asche gelegt, die gesamte Stadt zu 50 Prozent. Zwischen stehen gebliebenen Mauerteilen und den Schuttbergen schlängelten sich freigeräumte Wege durch die Ruinenlandschaft. 68 Jahre später sollten noch immer Blindgänger im Stadtgebiet gefunden werden.

Und nach 69 Jahren sollten die ehemaligen Trümmerberge beziehungsweise deren Beseitigung für politischen Streit sorgen. Anlass dafür war die symbolische Verhüllung des Münchner „Trümmerfrauen"-Denkmals im Dezember 2013 durch die beiden bayerischen Grünen-Politiker Sepp Dürr und Katharina Schulze mit einem braunem Tuch, um auf das „Weichspülen" historischer Tatsachen hinzuweisen. Denn in der bayerischen Landeshauptstadt waren es vor allem ehemalige NSDAP-Parteimitglieder, die die Trümmer wegräumen mussten. Seit der Verhüllung wogt ein Kulturkampf um das Denkmal, der von rechter Seite mit Vehemenz angeschürt wird. Forderungen nach „Vergasen" und „Erschlagen" im Internet stehen dabei neben Drohanrufen bei den Grünen.

Der Stein des Anstoßes steht am Münchner Marstallplatz, wurde 2013 von Bayerns Kultusminister Ludwig Spaenle (CSU) eingeweiht und trägt die Inschrift: „Den Trümmerfrauen und der Aufbaugeneration Dank und Anerkennung München 1945 In Wissen um die Verantwortung." Das Denkmal geht zurück auf eine Initiative des Vereins „Dank und Gedenken der Aufbaugeneration, insbesondere der Trümmerfrauen", der von Mitgliedern der Senioren-Union gegründet wurde. Die CSU hatte bereits mehrere Vorstöße im Münchner Stadtrat in Sachen Trümmerfrauendenkmal gemacht, war aber auf die Ablehnung von Münchens Oberbürgermeister Christian Ude (SPD) gestoßen. Der Grund: Anders als in anderen Großstädten waren es vergleichsweise nur wenige Frauen, die an der Trümmerbeseitigung beteiligt waren. Die ersten Straßen wurden vielmehr von deutschen Kriegsgefangenen geräumt und mit dabei waren auch NSDAP-Mitglieder, die von den US-Besatzern zu diesem Dienst gezwungen wurden. So zählt das Münchner Stadtarchiv gerade 1500 Menschen, die an den Räumarbeiten beteiligt waren, darunter 200 Frauen. 90 Prozent der Beteiligten waren in

Die Verhüllungsaktion des „Trümmerfrauen"-Denkmals durch die Grünen-Politiker Sepp Dürr und Katharina Schulze. (Foto: Grüne)

Nazi-Organisationen tätig gewesen. Ab 1946 wurde der Schutt der Häuserruinen professionell von Baufirmen abgeräumt. Die Münchner „Trümmerfrau" ist so eher eine Mär, wenn es auch oft die Frauen waren, die in der Nachkriegszeit das Überleben der Familie sicherstellten.

Für die bayerischen Landtags-Grünen ist also klar: „Dieser historisch unbestrittenen und seitens der Staatsregierung bestätigten Tatsache wurde im Zusammenhang mit der Aufstellung des Gedenksteins am Marstallplatz in keiner Weise Rechnung getragen. Das unserer Ansicht nach von dem Gedenkstein ausgehende Signal ist ein pauschales Dankeschön an alle Beteiligten an den Aufräumaktionen, die allerdings bei genauerem Hinsehen größtenteils mitverantwortlich waren für die Gräuel des 'Dritten Reichs'."

Was die Stadt so nicht wollte, machte dafür aber die Bayerische Staatsregierung möglich: Sie stellte eine Fläche in der Alfons-Goppel-Straße, benannt nach dem früheren CSU-Ministerpräsidenten, zur Verfügung. Zur Einweihung kamen neben dem Kultusminister auch der Bund der Vertriebenen, Fahnenabordnungen der Schlesier und Oberschlesier sowie Burschenschaftler. Und trotz der offensichtlich eindeutigen historischen Fakten wogte jetzt eine geradezu militante rechtsextreme Empörungswelle über die Grünen hinweg. So forderte eine neu eingerichtete Facebook-Seite, die „Ehre der Trümmerfrauen" wiederherzustellen. Dies auch handgreiflich. Ein gewisser Chris Felixsohn drohte der Grünen-Politikerin Schulze: „Also, die Würdigung, welche ich für die junge Dame übrig hätte, hat auch etwas mit Steinen zu tun ...". Kommentare wie „Unfassbar dreckiges Pack!" oder „Schämt euch!" sind noch milde Aussagen einer anscheinend schäumenden Volksseele. Die tobt sich selbstverständlich auch auf der Münchner Hass-Seite *Politically incorrect* aus: „Typen wie Schulze und Dürr wissen doch gar nicht, was richtige Arbeit ist."

Doch die Kritik wehte den beiden Grünen-Politikern nicht nur vom rechten Rand ins Haus. Auch für den SPD-Fraktionschef im Münchner Rathaus, Alexander Reissl war die Grünen-Aktion „überflüssig", gleichwohl er die Skepsis über das Denkmal teilte. Minister Spaenle wiederum sprach von einer „plumpen" Aktion, er habe doch in seiner Rede eine eindeutige Einordnung der historischen Situation vorgenommen. Auch bei den Grünen selbst gab es Zwist, der grüne Kommunalpolitiker Wolfgang Leitner sprach von „Rechthaberei um jeden Preis". Ein Kommentar der Münchner *Abendzeitung* befand die Verhüllung für „geschmacklos und unsensibel". Die Grünen-Politikerin Katharina Schulze, die für ihre Partei 2013 neu in den Bayerischen Landtag eingezogen war, zeigte sich erschüttert angesichts der heftigen Reaktionen.

Der Streit um das Trümmerfrauen-Denkmal machte erneut deutlich, dass in München die Erinnerungskultur noch immer das Feld eines Kulturkampfes zwischen rot-grüner Stadtverwaltung und schwarzer Staatsregierung ist. Die bayerische Staatskanzlei pflegt auf ihren Grundstücken in München ihre eigene Denkmal-Politik.

Neuanfang der Demokratie

In den Trümmern der Städte und des Nationalsozialismus bestimmte eine aus 200 Offizieren bestehende US-Militärregierung zunächst die Politik auf Landes- und kommunaler Ebene. Am 4. Mai 1945, vier Tage vor der Kapitulation der Wehrmacht und der vollständigen Befreiung Deutschlands von den Nazis wurde Karl Scharnagl in München als Oberbürgermeister eingesetzt, er hatte dieses Amt bereits als Politiker der Bayerischen Volkspartei (BVP) bis zur Machtergreifung 1933 inne. Auf Landesebene setzten die Amerikaner am 28. Mai den früheren BVP-Vorsitzenden Fritz Schäffer ein, entließen ihn aber bereits im September wieder, da er die Entnazifizierung nur schleppend vorantrieb. Zum Nachfolger wurde Wilhelm Hoegner von der SPD bestimmt.

Ab Herbst 1945 erlaubte die Militärregierung die Gründung von Parteien, denen sie Lizenzen ausstellte. Als erste Partei in Bayern wurde am 1. November 1945 in München die KPD zugelassen, die Partei stellte im Kabinett Hoegner auch vier Mitglieder der Regierung – noch wollten die Amerikaner auch die Kommunisten in die Politik einbinden, anders als später im Kalten Krieg. Die KPD von 1945, deren Gründungsmitglieder in Bayern fast alle Verfolgte des NS-Regimes waren, setzte auf eine „demokratische parlamentarische Republik", forderte eine gerechte Entnazifizierung und die Enteignung von Kriegsverbrechern sowie eine Bodenreform. In den ersten Monaten nach Kriegsende bildeten sich unter anderem in München und Dachau Arbeitsgemeinschaften von SPD und KPD um die Spaltung der Arbeiterbewegung zu überwinden, freilich ohne lange Dauer. Bei der Wahl zur Verfassungsgebenden Versammlung im Juni 1946 – dort sollte die neue bayerische Verfassung verabschiedet werden – wurde die KPD mit 5,3 Prozent der Stimmen drittstärkste Partei. Bei der Landtagswahl 1946 kam sie noch auf 6,1 Prozent, in den Folgejahren aber gingen die Stimmenzahlen zurück. 1954 erzielte die Partei bei den Landtagswahlen noch 2,1 Prozent. In München war die KPD von 1946 bis 1956 im Stadtrat vertreten, ihr bestes Ergebnis erreichte sie mit sechs Sitzen bei den Kommunalwahlen am 30. Mai 1948. Oskar Neumann, der damals für die KPD im Stadtrat saß, erinnerte sich an eine „lebendige antifaschistische Gemeinsamkeit, die sich in der Tat über Parteigrenzen hinweg mit wechselnden Mehrheiten im Stadtrat bewährte".[90] 1956 wurde die KPD in Deutschland verboten, sie existierte illegal weiter.

Die SPD wurde landesweit offiziell im Januar 1946 zugelassen. Bei den Landtagswahlen im gleichen Jahr erlangte sie aber nur 28,6 Prozent der Stimmen, während die neu gegründete CSU auf 52,3 Prozent kam. Zum Ministerpräsidenten gewählt wurde schließlich Hans Ehard (CSU), der eine große Koalition mit vier SPD-Ministern bildete. Die politische Ehe war nicht sehr harmonisch, Zugeständnisse der SPD an die CSU wie bei der Wiedereinführung der Prügelstrafe an den Schulen stießen immer mehr auf innerparteiliche Kritik, bis die SPD im August 1947 die Regierung schließlich verließ. Bei der Landtagswahl 1950 aber kam es erneut zu einer großen Koalition mit drei SPD-Ministern. 1954 stellte die SPD mit Wilhelm Hoegner an der Spitze einer Vierer-Koalition aus Bayernpartei, FDP und dem Bund der Heimatvertriebenen und Entrechteten (BHE) noch einmal für drei Jahre den bayerischen Ministerpräsidenten. Danach blieb die SPD für den Rest des Jahrhunderts und darüber hinaus von einer Regierungsbeteiligung ausgeschlossen, während ihre Wahlergebnis auf Landesebene immer mehr nach unten zeigen.

Stark bleibt die SPD in den Städten. In München löste am 1. Juli 1948 Thomas Wimmer seinen Vorgänger Scharnagl als Oberbürgermeister ab und von da an fuhr die SPD bei den Oberbürgermeisterwahlen kontinuierlich satte Mehrheiten ein: 1952 kam sie auf 60,9 Prozent, 1960 zum ersten Male mit Hans-Jochen Vogel auf 64,2 Prozent, 1966 sogar auf 78 Prozent Zustimmung durch die Bürger.

Die CSU formierte sich am 12. September 1945 im Münchner Rathaus als „Bayerische Christlich-Soziale Union" (zugelassen wurde sie, wie die SPD, im Januar 1946), im Dezember wurde Josef Müller zum „Vorläufigen Vorsitzenden" gewählt, in der Gedonstraße wurde in der „Kanzlei Dr. Müller" ein Sekretariat errichtet, der Vorläufer einer künftigen CSU-Landesgeschäftsstelle. Auf Landesebene startete die CSU mit hoher Wählerzustimmung, 1946 wurde sie mit 52,3 Prozent die stärkste Partei im Landtag. 1950 erfolgte mit 27,4 Prozent ein Einbruch, der Grund sind interne Flügelkämpfe und die zum ersten Mal antretende Bayernpartei. Diese Konkurrenz wurde allerdings in der „Spielbankaffäre" weitgehend ausgeschaltet, in den 1960er Jahren errang die CSU die absolute Mehrheit im Bayerischen Parlament, die sie bis 2008 beibehielt. Höhepunkt dabei ist das Wahlergebnis von 62,1 Prozent in 1974. Unter ihrem Vorsitzenden Franz Josef Strauß wurde die CSU zu einer bayerischen Staatspartei mit absoluter Machtfülle, weitreichenden Beziehungsnetzen, zahllosen Affären, sprudelnden Geldquellen und guten Beziehungen etwa zum Apartheid-Regime in Südafrika

Die bayerische Staatskanzlei ist seit mehr als fünf Jahrzehnten das Machtzentrum der CSU. Seit 1993 hat sie das ehemalige Armeemuseum am Hofgarten als Sitz, jetzt lautet die Adresse Franz-Josef-Strauß-Ring 1 – wie sonst.

Jahrzehntelang die zweite Machtzentrale der CSU: Die Landesleitung an der Nymphenburger Straße, die 1979 bezogen wurde. Manchmal, wie hier im Juli 2011, kam es davor zu Protesten. Hier ging es gegen den Bau der Dritten Startbahn am Münchner Flughafen. Seit 2016 ist die Parteizentrale in der Parkstadt Schwabing ansässig.

und anderen Diktaturen. Ihre Wählerschaft ist die des ländlichen Bayern und in München entsteht die Dualität zwischen SPD-Rathausmehrheit und CSU-geführter Staatskanzlei, was sich zum Beispiel in diversen Denkmals-Scharmützeln manifestiert.

Der Alltag

München war Ende der 1950er und Anfang der 1960er Jahre noch immer eine Stadt, in der brachliegende Ruinengelände zum Alltagsbild gehörten. Für die umherschweifenden Kinder im Arbeiterviertel Giesing war die Umgebung ein einziger Abenteuerspielplatz. Das Ruinengelände der Brauerei zwischen Franziskanerstraße und Hochstraße war eine zwar verbotene, nichtsdestotrotz aber hochinteressante Zone. Gleiches galt für das Isarhochufer, dessen Hänge sich hinab zur Au zogen und mit ihren Bäumen und Büschen eine kleine Wildnis darstellten, in denen man geheime Verstecke bauen oder auf Kriegspfad gehen konnte. Auch der örtliche Kohlehändler mit seinem Gelände war Teil des großen Abenteuers Leben, jedenfalls wenn man ein Schulkamerad des Kohlehändler-Sohnes war. Und jede Baustelle mit ihren Ziegelsteinen war nach Arbeitsschluss unendlich faszinierend – diese (natürlich meist verbotenen) Freiheiten der Kinder sind heute kaum mehr vorstellbar. Demgegenüber stellten die gewölbten dunklen Keller der Altbauten mit ihren Luftschutzräumen noch immer den Inbegriff des Schreckens dar, der in den Erzählungen der Erwachsenen über die Bombennächte lebendig wurde. Die Wohnbedingungen in der Innenstadt waren noch immer geprägt von zwischen zwei Mietparteien aufgeteilten Altbauwohnungen mit Kohleheizung und ohne Bad, es herrschte – wie üblich in München – Wohnungsnot. Ausgebombte Familien, Flüchtlinge und Emigranten suchten nach bezahlbarem Wohnraum in der Stadt.

Die Straßen der Stadt begannen sich erst langsam mit Autoverkehr zu füllen. Das Goggomobil und der Messerschmitt Kabinenroller waren Vorboten der späteren Motorisierung, bei der der „Volkswagen" die größte Rolle spielen sollte. Die Bevölkerung kaufte im „Tante-Emma-Laden" ein, die Einkaufsrunde zum Zeitungsladen, dem Metzger, der Bäckerei und dem Gemüsehändler gehörte für viele zum samstäglichen Ritual. Milch und Milchprodukte gab es in einem speziellen Milchladen. An der Ecke Regerstraße und Pöppelstraße in Giesing befand sich mitten in der Stadt noch eine Gärtnerei, bis dort Anfang der 1960er Jahre ein Neubau errichtet

wurde, im Erdgeschoss siedelte sich dann der erste Supermarkt des Stadtviertels an.

Das Fernsehen war zu dieser Zeit noch eine exklusive Angelegenheit,
wer ein Empfangsgerät besaß, hatte auch Besuch von Verwandten, Freunden und Nachbarn, die so das Programm mitverfolgten. Beliebt war auch
der öffentliche Empfang in Gaststätten, rund 60 Jahre später wiederholte sich dieses gemeinschaftliche TV-Sehen als „Public Viewing" bei der
Übertragung von Fußballspielen. Das Gegenstück zum Fernsehen waren
die lokalen kleinen Kinos in den Stadtvierteln, die mit ihrer Dunkelheit
und den Farb-Filmen aus der weiten Welt faszinierten. Die meisten von
ihnen haben sich heute in Filialen von Aldi oder anderen Handelsketten
verwandelt.

In den Arbeitervierteln wohnten die Arbeiter und kleinen Angestellten,
die frühmorgens zu ihren Arbeitsstätten bei den Stadtwerken, der Textilfa-
brik an der Rosenheimer Straße, den umliegenden Brauereien, dem Pfanni-
Werk oder dem Ostbahnhof eilten. Später sollten viele das Viertel mit den
unsanierten Altbauwohnungen verlassen und in die modernen Siedlungen
am Stadtrand ziehen. In den Schulen organisierten die Turnlehrerinnen ihren Unterricht noch immer nach dem „Führerprinzip" mit einem Führer
pro Turnriege. Die Gesellschaft war autoritär und konservativ. Bis 1968
der Aufbruch kam.

Warum keiner nirgends dabei war

Nach dem Einmarsch der Amerikaner geht in der ehemaligen „Hauptstadt
der Bewegung" mit den Menschen eine seltsame Verwandlung vor sich:
Keiner kann sich erinnern, jemals Nazi gewesen zu sein, geschweige denn
etwas zu verantworten zu haben. Viele der ehemaligen „Heil-Hitler"-
Schreier mutieren wundersam zu Mitläufern und Befehlsempfängern und
bescheinigen sich gegenseitig mit Hilfe der sogenannten „Persilscheine"
weiße Westen. Und es dauert nicht lange, bis auch im Zuge des Kalten
Krieges in München wieder die alten Täter auf den alten und auf neuen
Stühlen sitzen. Aus heutiger Sicht ist es fast unglaublich, wie sich nach
1945 die Karrieren und das Denken aus der Nazizeit fortsetzten. „Wir
wussten, die Mörder waren noch unter uns", schrieb der Dramatiker Carl
Zuckmayer 1946. Die Mörder liefen noch lange herum. Zwar verurteilten
die Alliierten in den Nürnberger Prozessen die Hauptverantwortlichen der

Nazi-Katastrophe, doch deutsche Spruchkammern und Gerichte urteilten zusehends milder. Im beginnenden Kalten Krieg war die Mitgliedschaft in NSDAP, SA oder SS kein Karrierehindernis mehr, im Gegenteil. „Spezialisten" für die Bekämpfung des Bolschewismus und des einheimischen Kommunismus waren gesucht. So beschäftigten die amerikanischen Geheimdienste mindestens 1000 Ex-Nazis und ihre Kollaborateure als Spione und Informanten, ehemalige SS-Offiziere spähten die sowjetische Besatzungszone aus. „Kleinere" Kriegsverbrechen waren dabei nicht hinderlich. So warb die CIA 1952 in Ostdeutschland einen gewissen Aleksandras Lileikis an: Der arbeitete im Krieg für die Gestapo und wurde mit dem Massaker an 60.000 Juden in Litauen in Zusammenhang gebracht. Die Amerikaner zahlten ihm 1700 Dollar Sold im Jahr, plus zwei Kisten Zigaretten pro Monat. 1956 konnte er in die USA emigrieren und lebte dort fast 40 Jahre lang unbehelligt. Erst 1994 wurde seine Nazi-Vergangenheit bekannt und seine Auslieferung gefordert. Der CIA verheimlichte seine Vergangenheit.[91]

Über die Taten der Vergangenheit legte sich in Westdeutschland ein allgemeines Vergessen, Verdrängen und Leugnen. Erst mit der 68er Revolte begannen Söhne ihre Väter zu fragen, was sie denn während der Nazi-Zeit getan hätten. Erst ab 1963 kommt es zu den Ausschwitz-Prozessen in Frankfurt. Und es dauert weitere 50 Jahre, bis Städte und Institutionen sich ihrer Geschichte unter dem Nationalsozialismus stellen.

Die braunen Wurzeln der Münchner Polizei, von Verfassungsschutz und BND

Zum Beispiel bei der Münchner Polizei. Sie war ein zentrales Herrschaftsinstrument des NS-Regimes und von Anfang an mit all ihren Sparten von der Gestapo bis zur „Dienststelle für Zigeunerfragen" an der Verfolgung derjenigen beteiligt, die die Nationalsozialisten als „Volksfeinde" betrachteten. Bei Kriegsende waren 60 Prozent der Beamten Mitglied der NSDAP oder ihrer Gliederungen gewesen.[92] Einige mussten sich vor Spruchkammern verantworten, doch die Kammern sahen oft nur noch „Mitläufer". Zum Beispiel in Karl Freiherr von Eberstein, langjähriger Münchner Polizeipräsident und SS-Führer, der bei der Ermordung von sowjetischen Kriegsgefangenen im KZ Dachau eine Rolle spielte. Eine Studie über die

Münchner Polizei kommt zu dem Schluss: „Viele Beamte, die in der NS-Zeit leitende Positionen bekleidet hatten, setzten ihre Karriere im Polizeidienst fort."[93]

So konnte es schon mal vorkommen, dass in der auch nach 1945 weiterbestehenden „Dienststelle für Zigeunerfragen" ein „Zigeunermischling" auf den gleichen Beamten traf, der ihn in der Nazi-Zeit ins KZ Auschwitz gebracht hatte und sich nun wunderte, dass der „Zigeunermischling noch am Leben sei". Zwar wurden 1947 zwei führende Beamte der Behörde zu zehn Jahren Arbeitslager verurteilt, die Strafe aber schon 1949 aufgehoben – die beiden Beamten wurden als „Mitläufer" eingestuft. 1951 wird die kasernierte Bayerische Bereitschaftspolizei eingerichtet, Präsident wird Josef Remold: Mitglied im Freikorps Oberland (1919); als Heereskommandeur in Norwegen noch am 10. Mai 1945 Bestätigung von Todesurteilen, folgenlose Ermittlung wegen Kriegsverbrechen in Griechenland und Norwegen. 1952 wird das Bayerische Landeskriminalamt (BLKA) begründet, der Leiter der Abteilung Fahndung wird Hanns Eller: ab 1934 bei der Gestapo, Eintritt in die NSDAP 1937. Sein Nachfolger 1960 ist Wilhelm Supp: 1933 Eintritt in die NSDAP und SS, 1941 Leiter der „Reichszentrale zur Bekämpfung des Zigeunerunwesens".

Dass der alte Geist auch in der neuen Zeit nichts an Wirksamkeit verloren hatte, wird am Einsatz der berittenen Polizei gegen jüdische Demonstranten im August 1949 in der Münchner Möhlstraße deutlich.

Die noble Möhlstraße am rechten Isarhochufer war vor 1945 der Wohnort vieler Nazi-Bonzen, darunter Heinrich Himmler und Martin Bormann. Nach dem Einmarsch der Amerikaner werden etliche Villen durch die US-Militärregierung für jüdische Hilfsorganisationen zur Verfügung gestellt. Die Straße wird zur Anlaufstelle für die jüdischen „displaced persons", die in den Lagern um München herum leben: befreite KZ-Häftlinge, Zwangsarbeiter, Kriegsgefangene. An der Möhlstraße entstehen nach und nach ein jüdischer Kindergarten, eine jüdische Volksschule, eine Synagoge, ein Krankenhaus und ein Gymnasium. Bretterbuden werden errichtet und Geschäfte für den täglichen Bedarf eröffnet. Es gibt koschere Metzgereien, Restaurants und Cafés. 1949 existieren weit über einhundert Geschäfte in und um die Möhlstraße, in der ehemaligen „Hauptstadt der Bewegung" ist ein neues jüdisches Viertel entstanden.[94]

Das Klima in der Stadt aber ist noch immer von Antisemitismus und Rassismus geprägt, die Polizei unternimmt regelmäßig Razzien gegen den „Schwarzmarkt" in der Möhlstraße. Am 9. August 1949 erscheint in der *Süddeutschen Zeitung* ein extrem antisemitischer Leserbrief, daraufhin

versammeln sich 1000 jüdische Bewohner Münchens zu einem Protest-
zug gegen die antijüdische Hetze und den deutschen Antisemitismus und
wollen in Richtung Stadtmitte marschieren. Schon nach 100 Metern geht
berittene Polizei gegen die Menge vor, die Menschen wehren sich mit Steinen und Knüppeln. Dann schießen Polizisten auf die Demonstrierenden.
Aus heutiger Sicht unglaublich: Vier Jahre nach dem Holocaust geht die
deutsche Polizei auf diese Weise gegen Juden vor! Die amerikanische Mi-
litärpolizei beendet schließlich die Auseinandersetzungen. Schade, meinte
dazu der Vizepräsident der Münchner Polizei, Dr. Weitmann, sei doch da-
durch die „endgültige Säuberung des Aufruhrortes" verhindert worden.[95]

Mit einer derartigen geistigen Haltung steht die Polizei nach 1945
nicht alleine da. Der „Geist des Hauses" beim 1950 offiziell gegründeten
Verfassungsschutz in Bayern etwa, dieser Geist soll 2012 öfters bei der
Befragung von Mitgliedern des bayerischen Landesamtes für Verfassungsschutz (LfV) im NSU-Untersuchungsausschuss im bayerischen Landtag
zur Sprache gekommen sein.[96] Diesem Geist, der in den Anfangsjahren des
Geheimdienstes vor allem ein brauner Spuk war, ging eine von der Grünen-
Fraktion im bayerischen Landtag in Auftrag gegebene historische Studie
nach. Danach wurde der Verfassungsschutz im Wesentlichen von ehemaligen Angehörigen der Gestapo, der SS und der NSDAP aufgebaut.

Nazis in den Behörden und der Staatsregierung, das sei ein „Massen-
phänomen" gewesen, so 2013 der grüne Landtagsabgeordnete Sepp Dürr
bei der Vorstellung der Studie „Die braunen Wurzeln des Bayerischen Landesamtes für Verfassungsschutz". Verfasst von den Historikern Susanne
Meinl (Universität Münster) und Joachim Schröder (FH Düsseldorf) beschäftigt sich die Studie damit, wie stark die NS-Verstrickung der Behörde
in den Gründerjahren war und welche Auswirkungen dies möglicherweise
bis in die jüngste Vergangenheit auf die Ausrichtung und den Geist der
Behörde hatte.[97]

Einer der „Experten", die im Kalten Krieg der beginnenden 1950er Jahre von den westdeutschen Sicherheitsbehörden gerne angestellt wurden,
war Rudolf Fumy. Das Expertentum des Kriminalrats und SS-Sturmbann-
führers bestand in der zwölfjährigen Bekämpfung des „Bolschewismus"
bei der Münchner Gestapo, und zwar in der Abteilung Aufklärung. Fumy
mordete und folterte nicht selbst, sondern sammelte Informationen über
die illegale KPD, schrieb Berichte und gab diese an die „Exekutive" weiter. Wie viele Widerstandskämpfer deshalb ihr Leben verloren, ist – so die
Studie – unbekannt. Nach dem Überfall auf die Sowjetunion arbeitete er
im Kommandostab der Einsatzgruppen im Reichssicherheitshauptamt und

stellte Berichte für seinen Chef („Gestapo-Müller") zusammen. Berichte, die von hunderttausendfachem Mord zeugten. 1955 nun ist eben dieser Rudolf Fumy für eine leitende Stellung im Bayerischen Landeskriminalamt im Gespräch, es geht um den Aufbau der Abteilung IIIB – die Staatsschutzabteilung.

Der Fall Fumy werfe nicht nur ein „bezeichnendes Schlaglicht auf die Rekrutierungspraxis" für die neuen bayerischen Sicherheitsbehörden, so die Studie, sondern zeige auch deren Querverbindungen auf. So bestanden zwischen dem Verfassungsschutz und dem Landeskriminalamt enge personelle Verflechtungen, bei denen die Mitarbeiter zwar vom LKA bezahlt und dort abgerechnet wurden, tatsächlich aber für das LfV arbeiteten. Josef Schreieder etwa – 1934 Eintritt in die SS, 1937 in die NSDAP – trat 1954 in die Dienste des BLKA und wechselte 1955 zum Verfassungsschutz. Auch Angehörige der Grenzpolizei wurde an das Landesamt abgeordnet. Eng war auch die Zusammenarbeit mit der Organisation Gehlen in Pullach, dem späteren Bundesnachrichtendienst.

Offiziell wurde das Landesamt für Verfassungsschutz am 1. November 1950 gegründet, es existierte aber bereits seit 1949. Von 1956 bis 1975 war es in der Neuhauser Straße 8 (damals die Nummer 51) untergebracht, nur ein paar Schritte vom Polizeipräsidium in der Ettstraße entfernt. Die Mitarbeiter der ersten Stunde kamen von der Gestapo und der Politischen Polizei: Der stellvertretende Amtsleiter Max Noeth, der Kriminalinspektor Franz Hollweck, Kriminalkommissar Leonhard Halmanseger oder Kriminalinspektor Franz Blümlhuber. Durch „Persilscheine" wurde ihnen Unbedenklichkeit attestiert. Was aber auf Bedenken der amerikanischen Besatzungsbehörde stieß, die zunächst Widerspruch gegen eine derartige Personalpolitik einlegte. Das legte sich aber. Denn: „In der beginnenden Hochphase des Kalten Krieges blickten die amerikanischen Sicherheitsbehörden wie diejenigen der Bundesrepublik nicht auf die Vergangenheit, sondern auf die Gegenwart. Gefragt waren langjährige Erfahrungen im Polizei- und Nachrichtendienst sowie eine ausgeprägte antikommunistische Einstellung."[98]

Die Autoren verstehen ihre Studie „Zur Frühgeschichte des Bayerischen Landesamtes für Verfassungsschutz" als Anstoß zu „einer unbedingt nötigen gründlichen" Aufarbeitung des Themas, mit dem sich die Forschung bislang kaum beschäftigt habe. Der bayerische Landtag ist dabei, eine Historikerkommission einzurichten, die ähnlich wie beim Bundesnachrichtendienst (BND) in Pullach bei München die Vergangenheit des bayerischen Landesamtes für Verfassungsschutz aufarbeiten soll.

Auch beim BND führt die Spur der Vergangenheit hinein in einen braunen Sumpf. Wer in der kleinen Gemeinde Pullach bei München die dortige Heilmannstraße entlang fährt, sieht sich links und rechts mit hohen Absperrungen, Mauern, Stacheldraht und Videokameras konfrontiert. „Fotografieren verboten" steht auf großen Tafeln und ein paar Meter weiter verkündet ein Schriftzug vor einer großen Einfahrt auch warum: „Bundesnachrichtendienst" ist da zu lesen. Hier residiert seit Jahrzehnten der deutsche Auslandsgeheimdienst mit mehreren tausend Mitarbeitern auf einem großen umzäumten Areal am Hochufer der Isar. Weil München aber gar so weit weg ist von Berlin, soll der Nachrichtendienst nun näher an das politische Zentrum heranrücken und zu einem großen Teil – so die Pläne – in die Hauptstadt umziehen, was teilweise schon geschehen ist. Das so freiwerdende Gelände soll verkauft werden, der Bund steht finanziell ja eher klamm da. Und das war nun der Anlass für das bayerische Landesamt für Denkmalschutz, um auf den Plan zu treten. Denn die bauliche Urzelle des Nachrichtendienstes bildet eine Nazi-Siedlung samt Führerbunker – ein bauhistorisch einmaliges Ensemble, das aber seit Kriegsende bis heute für die Öffentlichkeit unzugänglich war und immer noch ist.

Ab 1936 hatte der Reichsleiter der NSDAP, Martin Bormann, in Pullach im Isartal (elf Kilometer vor München) Grundstücke aufgekauft, um dort eine „Siedlung für den Stab des Stellvertreters des Führers" zu errichten. Als Architekt dieser Partei-Siedlung fungierte Roderich Fick, geboren in Würzburg und aufgewachsen in der Schweiz, der auch das Kehlsteinhaus am Obersalzberg entwarf. Die Siedlung war als großräumige gemeinschaftsstiftende Anlage in symmetrischer Anordnung konzipiert. Die um einen begrünten rechteckigen Platz herum gebauten Ein- und Zweifamilienhäuser wurden auf ein zentrales Stabsgebäude hin ausgerichtet. Die Siedlung wurde 1938 fertiggestellt und bezogen, neben Bormann unter anderem von Kurt Knoblauch, General der Waffen-SS, Walter Schultze, SS-Gruppenführer und als Honorarprofessor Mitarbeiter an den NS-Euthanasiegesetzen, und Gerhard Klopfer, SS-Gruppenführer und Teilnehmer an der Wannseekonferenz über die Endlösung der Judenfrage.

Neben den 23 Einfamilienhäusern und vier Doppelwohnhäusern wurden ein Kindergarten, eine Gärtnerei und Nebengebäude errichtet. In Nachbarschaft zu diesem Gebäudeensemble wurde 1943 bis 1944 das Führerhauptquartier „Siegfried" mit dem großen Befehlsbunker „Hagen" gebaut. Dieser Bunker umfasste 30 Räume, die von drei Meter dicken Decken und Wänden geschützt wurden. Obwohl nie von Hitler genutzt, blieb das Führerhauptquartier bis Kriegsende in Betrieb. Ende März 1945 verließen die

Familien der Parteispitze das Gelände, das im April von US-Truppen besetzt wurde.

Die Amerikaner nutzten das Gelände unter anderem als Unterkunft für „displaced persons", bis dort 1947 die „Organisation Gehlen" einzog. Generalmajor Reinhard Gehlen hatte in Hitlers Wehrmacht die Abteilung „Fremde Heere Ost" geleitet, was ihn für die Amerikaner im beginnenden Kalten Krieg zum idealen Mann für die antikommunistische Aufklärung machte. Er fungierte bis 1969 als Präsident des 1956 gegründeten Bundesnachrichtendienstes. Mit ihm zogen zahlreiche ehemalige Mitglieder der SS und Gestapo in die ehemalige Nazi-Siedlung ein und sorgten so für eine delikate Kontinuität. 1963 hatte eine interne Untersuchung ergeben, dass von 200 hauptamtlichen Mitarbeitern 146 in der NSDAP oder bei der SS gewesen waren. Zum Beispiel Walter Kurreck: 1932 Eintritt in die NSDAP und SS, als SS-Sturmbannführer organisierte er 1942 Sabotageakte im sowjetischen Hinterland und ließ sowjetische Kommissare in Kriegsgefangenenlagern aufstöbern und exekutieren. 1950 Eintritt in die „Organisation Gehlen", 1956 Übernahme durch den BND.

Jahrzehntelang stand so weniger der Denkmalschutz als der Geheimnisschutz auf dem Pullacher Programm. Erst durch die Verkaufspläne bekamen die Mitarbeiter des Landesamtes für Denkmalschutz erstmalig Zugang zu den Bauten aus der Zeit des Nationalsozialismus. In einem zwanzigseitigen Gutachten von 2003 kamen sie zu dem Schluss: „Eine aus der Zeit des Dritten Reiches stammende Siedlung, die vergleichbar wäre, existiert nicht. Die Siedlung ist ein Unikat." Dies nicht nur in architektonischer oder städtebaulicher Hinsicht, sondern auch weil es sich um eine „Mustersiedlung von hochrangigen politischen Schreibtischtätern der NS-Diktatur handelt". Zum Führerhauptquartier „Siegfried" (Bunker „Hagen") schreibt das Gutachten, eine „vergleichsweise authentisch erhaltene Bunkeranlage" existiert nicht: „Damit ist die Anlage in Pullach ein Unikat." Das Gutachten war bis 2008 nicht öffentlich zugänglich, erst danach stehen Wohnhäuser und Bunker in der Denkmalliste.

Was aber nun aus diesen Unikaten werden soll, ist unklar. Zwar hat Pullachs Bürgermeister Jürgen Westenthanner 2011 erklärt, die Gemeinde habe an dem Gelände Interesse als „Vorratsfläche für künftige kommunale Entwicklung", doch noch steht der Umzugstermin des BND nicht fest. Eine mögliche Nutzung für die „Rudolf-Heß-Siedlung", wie das Areal auch genannt wurde, wäre als Dokumentationszentrum für die Geschichte des BND unter Gehlen. Seit Februar 2011 beschäftigt sich damit eine Historikerkommission, die erstmalig Zugriff auf die entsprechenden Akten des Bundesnachrichtendienstes in Pullach hat.

Pullach ganz ohne Spione

Im Sommer 2014 wurde das politische Berlin von der Nachricht aufgerüttelt, dass ein CIA-Agent im Bundesnachrichtendienst (BND) geheime Informationen an die Amerikaner weiterleitete. Dies geschah zu einer Zeit, als der BND gerade mit einer „Transparenzoffensive" sein Image aufpolieren wollte. Zu dieser „Transparenzoffensive" gehörte auch jene Foto-Ausstellung in der Kulturstiftung der Münchner Versicherungskammer, in der vom Juni bis Oktober 2014 unter dem Titel „Die BND-Zentrale in Pullach" eine Fotodokumentation des Fotografen Martin Schlüter zu sehen war.

Die Pressestelle des Nachrichtendienstes hatte sich Schlüter ausgesucht, weil dieser für eine Reportage über den Missbrauch von Eskimo-Kindern durch katholische Priester 2012 zum Nachwuchsjournalisten des Jahres gekürt worden war. 2012 durfte der 37-Jährige im Auftrag des BND

Die BND-Zentrale in Pullach. Fotodokumentation von Martin Schlüter. KUNST-FOYER 2014. (© Kunstfoyer der Versicherungskammer Kulturstiftung, München 2014)

die Pullacher Geheimdienstzentrale fotografieren, die Bilder wurden in einem opulenten Bildband (Preis: 60 Euro) veröffentlicht. Die Kulturstiftung der Versicherungskammer in München zeigte die Fotos auf Anregung und Bezahlung durch den BND umsonst – im wändefüllenden Großformat. Anders hätten die paar Dutzend Fotografien die Ausstellungsfläche nicht füllen können.

Wenn man heute in Google „BND-Pullach" eingibt, dann zeigt einem die elektronische Karte den Standort des Nachrichtendienstes in der Gemeinde im Süden von München. Das hätte es früher nicht gegeben. Und genau 10,3 Kilometer Entfernung sind es von dort bis zur Maximilianstraße 53, wo die Innereien des Dienstes als Fotodokumentation gezeigt wurden. Hätte es früher auch nicht gegeben. Früher, das war, bevor die Politiker den Dienst geleitet haben und die Militärs noch das Sagen hatten. Meinte jedenfalls Werner M., ein ehemaliger Mitarbeiter des BND, der sich die Ausstellung ansah und selbstverständlich hier nicht mit dem Klarnamen erscheint.

Wer die Ausstellung betrat, wurde mit einer riesigen Fotografie des Herzstücks der Pullacher Anlage konfrontiert: das Stabsgebäude. Die Geschichte der Siedlung vor 1945 streift die Ausstellung mit einem Satz ab: die „wechselvolle Nutzungsgeschichte reicht bis in die NS-Zeit zurück".

Im Stabsgebäude tagte die BND-Spitze, im Bunker übten die Wachmannschaften das Schießen. Die ausgestellten Fotos dazu zeigten alle keine Personen. So wie von den diversen Werkstätten. „Ein Stillleben aus einer anderen Welt. Eine verschwiegene Werkstatt, in der sich Nachschlüssel feilen lassen – zum Beispiel. Oder der Schreibtisch eines Spezialisten für chemische Analysen, der, wie es scheint, sein Pausenbrötchen vergessen und Reißaus vor dem Fotografen genommen hat." Solche Anmutungen hatte das TV-Kulturmagazin *Titel Thesen Temperamente* (ttt) anlässlich der Bilder. Werner M. hatte dazu andere Anmutungen beziehungsweise Erinnerungen. „Die Chemiker, die haben ihren Schnaps immer selbst hergestellt. Die waren vielleicht besoffen!" Ein anderes großformatiges Foto zeigt den Dienstplan für die Wachhunde, die das Gelände umstreifen. „Dienstfreie Hunde vom Vortag zuerst in den Freilauf" steht auf der Holztafel. Darunter Namenskästchen in verschiedenen Rubriken wie „Samstag", „Sonntag" und „Krank". „Der Kinkel", sagte Werner M., „der hatte ja selbst einen Hund. Und weil der Hundezwinger nachts so kalt war, hat er dort eine Fußbodenheizung einbauen lassen." Klaus Kinkel (FDP) war von 1979 bis 1982 Präsident des BND. Den Hunden wird ihr Dienst am Vaterland übrigens nicht besonders gedankt. Nach sechs Dienstjahren werden sie ein-

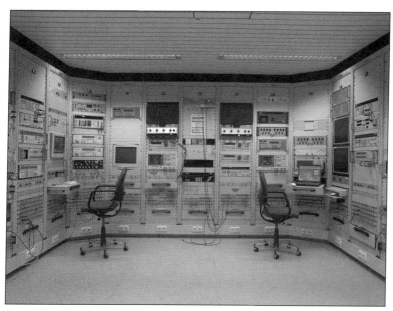

Die BND-Zentrale ein Pullach. Geheimer Standort außerhalb Pullachs. Ein „Signal Intelligence (SIGINT)"-Kontrollraum. Licht an. (© Martin Schlüter / Kunstfoyer München)

geschläfert. Weil sie so scharf auf den Mann dressiert sind, dass sie mit keinem anderen können. Sagte Werner M.

Dann gab es noch das Foto mit dem Judo-Trainingsraum für die Wachmannschaften. Der wurde den Leuten als Fitnessprogramm aufgedrängt. Der Erfolg war zwiespältig. „Ein Drittel war dann krankgeschrieben, die hatten sich beim Training verletzt", meinte Ex-BNDler Werner.

So ging es durch die Ausstellung mit den Fotografien, die alle nachts entstanden, keine Menschen zeigten und vom BND sorgfältig geprüft wurden. Sie zeigten Büros, die so auch im Wasserwirtschaftsamt oder in der TU München zu sehen wären. „In den Büros und Manufakturen kommt kein Glamour auf. Alles wirkt steril. Nur dann und wann eine Büropflanze ...", kommentierte ttt. Und der Fotograf meinte: „Das BND-Hauptquartier entsprach so gar nicht meinen Erwartungen und ließ mich nach dem ersten Besuch ratlos zurück."

Ratlos waren auch die BND-Mitarbeiter, als 1989 die Mauer fiel und der ganze schöne Feind abhanden kam. „Wir sind damals in ein tiefes Loch

gefallen", sagte Werner M. über das Ende des Kalten Krieges. „Da gab
es Leute, die haben seit 20 Jahren an der Zonengrenze die Briefe aus der
DDR geöffnet, mit Wasserdampf. Die wussten gar nicht mehr, was sie tun
sollten. Die haben dann in ihrer Dienstzeit Wollsocken für die ganze Ver-
wandtschaft gestrickt."

Ein paar Jahre später – 1996 – leistet sich der BND dann zum ersten
Mal eine Pressestelle. Bis dahin lautete die Vorgabe eher: Uns gibt es ja gar
nicht. Man firmierte unter Decknamen in Fantasiebehörden wie der „Bun-
desstelle für Fernmeldestatistik". Oder als „Ionensphäreninstitut". „War
'ne schöne Zeit", sagte Werner M.

Der Konservatismus der Nachkriegszeit:
Das Beispiel von der Heydte

Wie sehr das Klima der Nachkriegszeit in Westdeutschland bis in die
1960er Jahre hinein auch von reaktionären und ultrakonservativen Netz-
werken geprägt wurde, lässt sich anhand der Person des Oberstleutnant
a.D. Friedrich August Freiherr von der Heydte nachvollziehen. Er war in
den 1950er Jahren eine zentrale Person rechter, antikommunistischer und
antidemokratischer Netzwerke und löste 1962 mit seiner Anzeige die
„Spiegel-Affäre" aus, bei der auf Anordnung des damaligen Verteidigungs-
ministers Franz Josef Strauß (CSU) mehrere *Spiegel*-Redakteure wegen
Landesverrats verhaftet wurden.

Von der Heydte, 1907 in München geboren, erlebt eine „sorgenlose
Kindheit", er wird in einer Privatschule unterrichtet. Das Elternhaus gehört
den herrschenden Kreisen an, der Vater ist Major in der Königlich Bayerischen Armee. Von der Heydte tritt 1925 in die Reichswehr ein und beginnt
ein Jahr später ein Studium der Rechtswissenschaft in München. 1933 wird
er Mitglied in der NSDAP und bei der SA, was er in seiner Biografie von
1987 geflissentlich übergeht beziehungsweise verklausuliert: „Es wäre ...
falsch, wenn man heute rückschauend einer Person ... den Vorwurf machen
wollte, daß er 1933 'Ja' zur neuen Herrschaft gesagt habe: Schließlich war
er das Opfer einer sehr geschickten Werbung. Ich schließe mich davon keineswegs aus."[99] So stilisierten sich NSDAP-Mitglieder zu „Opfern".

1935 geht er zur neu gegründeten Wehrmacht und 1938 auf Brautschau,
damit im Falle eines Krieges ein Stammhalter vorhanden ist. Dazu lässt

er sich von einem Onkel schon mal ganz standesgemäß eine „Liste der heiratsfähigen, weiblichen jungen Adeligen in Süddeutschland" zusenden, nach einigen misslungenen „Musterproben" wird dann Gräfin Montgelas vom Schloss Egglkofen im östlichen Oberbayern rasch seine Braut.

Während des Krieges sammelt von der Heydte Auszeichnung nach Auszeichnung ein: Vom Eisernen Kreuz II. Klasse in 1939 bis zur Nahkampfspange II in 1944. Dazwischen kämpft er für den Führer als Fallschirmjäger über Kreta, Nordafrika und Italien. Im Oktober 1944 lautet einer seiner Tagesbefehle als Kommandeur des 6. Fallschirmjäger-Regiments: „Wenn alles zusammenbricht und Welle und Welle über unserem Volk zusammenschlägt, dann wird noch ein Fallschirmjäger meines Regiments dem Schicksal trotzen und im Sturm und Ungewitter die Fahne hoch über die Fluten halten, auf der ein Wort in leuchtenden Buchstaben steht: 'Großdeutschland'." Er selbst ließ freilich die Fahne sinken und ergab sich bei Monschau den US-Soldaten: „Bitte sind Sie so freundlich und senden mir einen Arzt und Krankenwagen, weil ich nicht mehr gehen kann."

Nach Kriegsgefangenschaft und Rückkehr habilitiert sich von der Heydte 1949 als Privatdozent für Staatsrecht an der Universität München. Als Staatsrechtler und Ex-NSDAP- sowie Ex-SA-Mitglied ist er dort in bester Gesellschaft. Zum Beispiel in der von Theodor Maunz: Münchner Professor für Öffentliches Recht, Verfasser eines Standardwerkes zum Grundgesetz, von 1957 bis 1964 bayerischer Kultusminister. Auch Maunz trat 1933 in NSDAP und SA ein und schrieb Sätze wie: „Nicht der Staat setzt die Gesamtheit des Rechts, sondern die völkische Lebensordnung wächst aus Blut und Boden hervor." 1964 muss Maunz von seinem Amt zurücktreten, nachdem die couragierte FDP-Abgeordnete im bayerischen Landtag Hildegard Hamm-Brücher seine Nazi-Vergangenheit publik gemacht hatte. Nach dem Tode von Maunz 1993 in München wurde bekannt, dass er lange Jahre anonyme Artikel in der rechtsextremen *National Zeitung* des Münchner Verlegers Gerhard Frey publiziert hatte.

Was Maunz wiederum mit Alfred Seidl verband, der ebenfalls Mitglied der NSDAP war, in München Jura studierte und später als Rechtsanwalt in Nürnberg Hauptkriegsverbrecher wie Rudolf Heß verteidigte. Seidl war wie Maunz Mitglied der CSU und von 1977 bis 1978 bayerischer Staatsminister des Inneren. Nach seinem Tod 1993 wurde auch seine enge Zusammenarbeit mit Frey bekannt.

Auch von der Heydte tritt 1947 der CSU bei, ins Licht der Öffentlichkeit gerät er 1956, als er als Vorsitzender der *Abendländischen Akademie* zurücktreten muss. Diese war aus der 1951 mit materieller Unterstützung des Fürsten von Waldburg-Zeil gegründeten *Abendländischen Aktion* hervorgegangen. Die Ziele dieser Aktion hatte der CSU-Politiker Gerhard Kroll in einem Manifest dargelegt. Dabei ging es um eine Art klerikale Diktatur, die anstelle des Grundgesetzes wirken sollte. Die „bunte Fülle" der Demokratie sollte durch ein einheitschristliches Weltbild ersetzt und die Prinzipien der Volkssouveränität und Gewaltenteilung getilgt werden. Vorbilder waren die faschistischen Diktaturen in Portugal und Spanien. Derartig „hochverräterische" und grundgesetzfeindliche Bestrebungen riefen schließlich 1955 den damaligen Bundesinnenminister Gerhard Schröder auf den Plan, der die Verfassungsmäßigkeit der *Abendländischen Akademie* überprüfen ließ. Der Bundesanwalt ließ ein Jahr später wissen, zwar strebe man dort eine „Änderung der verfassungsmäßigen Ordnung der Bundesrepublik" an, das mache aber nichts, weil a) der Organisation hochrangige Persönlichkeiten wie der damalige Bundesaußenminister Heinrich von Brentano angehörten, und b) die geäußerten Ideen lediglich „utopisch" seien und das im Rahmen des Rechts auf freie Meinungsäußerung. Der KPD, die im gleichen Jahr (1956) verboten worden war, hatte man derlei nicht zubilligen wollen.

Der Ex-SA-Mann und Ex-Fallschirmspringer von der Heydte bleibt auf vielen Feldern aktiv. Als Privatdozent lehnt er ebenso wie die CSU das Bonner Grundgesetz ab. 1956 wird er Vorstandsmitglied des in München gegründeten Vereins *Westliches Wehrwesen*, 1958 ist er ebenfalls in München bei der Gründung des *Deutschen Kreises* dabei, 1959 bei dem Unternehmen *Rettet die Freiheit* – alles rechtskonservative und reaktionäre Gruppierungen. Ab 1955 hat er einen Lehrstuhl in Würzburg inne, wird 1958 zum Deutschen Statthalter des Ritterordens vom Heiligen Grab zu Jerusalem, berät die griechische Militärjunta und gründet Anfang der 1960er Jahre das *Würzburger Institut für Staatslehre und Politik e.V.* – es wird sich später im Zuge der Flick-Parteispendenaffäre als eine der Geldwaschanlagen für die CDU und CSU herausstellen. Am 11. Oktober 1962 schreibt von der Heydte Geschichte, als er den *Spiegel* wegen Landesverrats anzeigt und so die „Spiegel-Affäre" auslöst. Elf Tage später wird er vom damaligen Verteidigungsminister Franz Josef Strauß (CSU) zum General der Reserve ernannt – ein bis dahin einmaliger Vorgang. Von 1966 bis 1970 sitzt er als CSU-Abgeordneter im Bayerischen Landtag. 1974 kann er zu seinen Kriegsorden noch den Bayerischen Verdienstorden hinzufügen, 1987 das Große Verdienstkreuz der Bundesrepublik Deutschland. 1994 stirbt Friedrich-August Johannes Wilhelm Ludwig Alfons Maria Freiherr von der Heydte in Aham bei Landshut.

Gerhard Frey und die *National Zeitung* in München

Am 27. Februar 2013 kam es bei der Beisetzung des Verlegers Gerhard Frey auf dem Münchner Waldfriedhof von der Öffentlichkeit weitgehend unbemerkt zu einer Versammlung rechtsextremer Gruppen. Unter den rund 170 Trauergästen seien auch Vertreter des nationalen Spektrums im In- und Ausland gewesen, so die bayerische NPD, die ihrerseits einen Kranz niederlegte.

Frey, der im Alter von 80 Jahren starb, war ein Beispiel für das rechtsextreme bis nationalsozialistische Milieu der Nachkriegszeit in München. Sein Verlag in der Pasinger Paoso-Straße 2 gab die seit 1951 bestehende *National Zeitung* heraus, ein revisionistisches und antisemitisches Hetzblatt, das den rechten Rand bediente. 1971 gründete der Multimillionär, dessen Privatvermögen und Immobilienbesitz auf bis zu 500 Millionen Mark geschätzt wurden, die *Deutsche Volksunion* als Verein, um unzufriedene NPD-Mitglieder aufzufangen. Das „Aktionsprogramm" glich in einigen Passagen fast aufs Wort dem Programm der NSDAP von 1920, so ein Artikel in der *Zeit* vom Dezember 1998. Zur Partei machte Frey die DVU erst 1987. Eine Studie der Konrad-Adenauer-Stiftung sah die DVU geprägt von „Ausländerfeindlichkeit, Rassismus, einem dumpfen, völkischen Nationalismus und Geschichtsrevisionismus". Zu seinen Freunden zählte Frey neben Reinhard Gehlen vom BND auch die bayerischen Staatsminister Seidl und Maunz, die in seinem rechten Kampfblatt anonym das schreiben konnten, was sie sich als CSU-Mitglieder ansonsten verkneifen mussten.

Das KPD-Verbot

Es gehört zu den schwer verständlichen historischen Gegebenheiten, dass in der Nachkriegszeit unter dem Schirm des Kalten Krieges oft die NS-Täter erneut Karriere machten und sich ihrer Pensionen erfreuen konnten, während NS-Opfern aus den Konzentrationslagern erst nach langen Verhandlungen Entschädigung zugestanden wurden, manche Gruppen blieben gänzlich unberücksichtigt. Und schlimmer: Manche Opfer wurden in der Bundesrepublik erneut von der Justiz verfolgt. Zu diesem Kapitel der Geschichte gehört auch das Verbot der KPD.

Am 17. August 1956 wurde in der Bundesrepublik die Kommunistische Partei Deutschlands verboten und das Parteivermögen beschlagnahmt. An diesem Tag besetzte die Polizei auch die Landesleitung der KPD in der Münchner Widenmayerstraße 25. Die Parteizentrale war allerdings bis auf das Mobiliar und eine Sechs-Pfennig-Briefmarke[100] bereits geräumt, in der Druckerei lagen noch aktuelle Ausgaben der Parteizeitung *Bayerisches Volks-Echo* mit der Schlagzeile: „Die KPD ist da – und bleibt da." Am Abend des 17. August versammelten sich 400 Menschen um den bayerischen KPD-Chef Richard Scheringer vor dem Circus Krone an der Marsstraße zu einer Protestveranstaltung.

Der Historiker Josef Foschepoth beschäftigte sich 2008 in einem Artikel in der *Zeitschrift für Geschichtswissenschaft* mit dem KPD-Verbot. Der *Spiegel* (2/2009) fasste die Ergebnisse so zusammen: „Während des Kalten Kriegs hat die bundesdeutsche Justiz Kommunisten ungleich härter verfolgt als ehemalige Nationalsozialisten. Die Zahl der zwischen 1951 und 1968 gefällten Urteile gegen Kommunisten lag fast siebenmal so hoch wie die gegen NS-Täter – obwohl die Nazis Millionen Menschen ermordet hatten, während man westdeutschen Kommunisten politische Straftaten wie Landesverrat vorwarf. Nach Kriegsende war die Kommunistische Partei Deutschlands (KPD) zunächst in fast allen Landesregierungen vertreten, verlor jedoch bis 1951 zwei Drittel ihrer 300.000 Mitglieder. Kanzler Konrad Adenauer sah dennoch in ihr eine Gefahr und führte 1951 zahlreiche politische Straftatbestände ein." Foschepoth zufolge ermittelten Staatsanwälte bis 1968 gegen 125.000 Personen wegen politischer Delikte: „Das Ziel war weniger der Kampf gegen eine politisch bedeutungslose Partei als gegen kommunistische Gesinnungen." Bei der juristischen Verfolgung von Kommunisten sieht Foschepoth geradezu eine „Justizversessenheit", während bei der Verfolgung von NS-Tätern eher eine „Justizverweige-

Broschüre der KPD von 1952.

rung" bestehe. Ein paar Zahlen machen das deutlich: So wurden von 1951 bis 1966 im Rahmen des KPD-Verbotes 6688 Angeklagte verurteilt. Bei den für Massenmorde und andere Verbrechen verantwortlichen NS-Tätern waren es von 1945 bis 2006 genau 6498 Personen![101]

1968 gründete sich in Frankfurt die DKP, die auf DDR-Linie lag, in der Bundesrepublik eine Bündnispolitik, etwa in der Friedenspolitik, anstrebte und weitgehend von Ost-Berlin aus finanziert wurde. In München befand sich die Parteizentrale der DKP seit 1972 in der Reisingerstraße 5 im „Hans-Beimler-Zentrum", benannt nach dem prominenten Münchner KPD-Funktionär der Weimarer Zeit und Opfer der Nationalsozialisten. Mitte der 1970er Jahre war die DKP mit rund 42.000 Mitgliedern die größte Partei links von der SPD und gab eine Vielzahl von Schriften heraus. Etwa *Die Lok*, eine Betriebszeitung für die Beschäftigten der „DB München". Mit der politischen Wende 1989 und dem Ende der DDR kam auch der finanzielle und ideologische Zusammenbruch der DKP. Heute hat die Partei etwas mehr als 4000 Mitglieder, das Münchner Büro befindet sich in der Holzapfelstraße 3.

Die Stadt der Propaganda und Spione

War Berlin im Kalten Krieg die Frontstadt, so war München in der Nachkriegszeit die Stadt der Spione und der Propaganda. Die „Organisation Gehlen" – der spätere Bundesnachrichtendienst – in Pullach blieb ja nicht auf die kleine Gemeinde beschränkt. Vielmehr tummelten sich deren geheime Mitarbeiter selbstverständlich auch in München und hier wurden ganz klassisch wie im Groschenroman etwa Wäschereien zu getarnten Anlaufstellen für Agenten. Und ebenso selbstverständlich bewegten sich in der Stadt die Mitarbeiter der diversen amerikanischen Geheimdienste, die in der McGraw-Kaserne und anderswo untergebracht waren. Das zog östliche Geheimdienste an, allen voran die Abteilung Aufklärung des DDR-Geheimdienstes. Aber auch der sowjetische KGB, rumänische, ungarische oder bulgarische Geheimagenten interessierten sich für die amerikanischen Propagandasender *Radio Free Europe* und *Radio Liberty* und für die diversen, meist antikommunistischen Exilorganisationen in München. 1956 schrieb die *Süddeutsche*: „München ist das Zentrum der westlichen Propaganda, und außerdem haben hier, wegen Bayerns Nachbarschaft zum 'Eisernen Vorhang', zahlreiche Emigranten-Organisationen ihren Sitz."[102]

Die Münchner Aktivitäten des Herrn „Hausmann"

„In die KPD der Bundesrepublik ist der Teufel gefahren – der Reinigungsteufel des Kreml. Sechs von den elf Landesvorsitzenden der Partei wurden in den letzten Wochen abgesetzt. Massenaustritte aus der Partei, die noch vor drei Jahren 300.000 Mitglieder zählte, und heute keine 200.000 'Aktivisten' mehr umfaßt, machten es dem ehemaligen Chefredakteur des kommunistischen Zentralorgans 'Freies Volk' und jetzigen 'Titoisten', Josef Schappe, möglich, im Ruhrgebiet eine marxistische 'Unabhängige Arbeiterpartei Deutschlands' zu gründen." So begann ein Artikel in der *Zeit* vom 15. März 1951. Zu diesem Zeitpunkt ist der in München mit seiner Familie wohnende Otto Freitag noch ein Sympathisant der KPD, deren Versammlungen er besucht. Seinen Lebensunterhalt verdient er mehr schlecht als Recht als Vertreter auf Provisionsbasis beim Kunst-Verlag Hafner, München-Pasing. Im September des gleichen Jahres aber trennt sich der 42-Jährige von der Partei und wendet sich der Unabhängigen Arbeiterpartei Deutschlands (UAP) zu. Der Grund: Freitag wurde vom Ministerium für Staatssicherheit der DDR als Agent angeworben, tritt von nun an als „Hans Hausmann" auf und soll von München aus die UAP ausspionieren, andere Aufträge, auch vom KGB, kommen hinzu.

Die Geschichte von Otto Freitag[103] wurde sichtbar, weil die DDR unterging und ihre Akten für die Öffentlichkeit zugänglich wurden. Es ist anzunehmen, dass sich aus den Akten der westlichen Geheimdienste ähnliche Geschichten erzählen ließen. Und die Geschichte von Otto Freitag wirft auch ein Licht auf das düstere Kapitel der linken Bewegung mit ihren Ausgrenzungen und Abgrenzungen, ideologischen Fehden und Denunzierungen, gegenseitiger Bekämpfung und Vernichtung.

Die im März 1951 gegründete UAP ist der Versuch, jenseits von KPD und SPD der antistalinistischen „heimatlosen Linken" eine Heimat in einer dritten linken Partei in Westdeutschland zu geben und ist eine Reaktion auf die erfolgten stalinistischen „Säuberungen" in den kommunistischen Parteien: „Innerhalb von zwei Jahren hatte die (westdeutsche) KPD ihre Spitzenkader nahezu komplett ausgewechselt und damit den Apparat voll auf Moskauer Kurs ausgerichtet."[104] Die Mitglieder der UAP kommen aus der KPD, wie der ehemalige bayerische Landessekretär Georg Fischer, oder sind Trotzkisten, wie der in Prag geborene Wolfgang Salus, der zweieinhalb Jahre als Sekretär bei Trotzki gearbeitet hatte. Die neue Partei wird finanziell von der KP Jugoslawiens unterstützt, so kann sie die Wochenzeitung *Freie Tribüne* herausgeben und 14 hauptamtliche Funktionäre finanzieren.

Es wird die Aufgabe von Otto Freitag, diese „Titoisten" und „Trotzkisten" auszuspähen und zu überwachen, er nimmt Kontakt zur UAP auf und soll vor allem Verbindungen der Partei in die DDR feststellen. In kurzer Zeit gelingt es ihm, sich bis zur Ebene der bayerischen Landesleitung vorzuarbeiten. Doch die Partei existiert nur bis zum Herbst 1952 und löst sich dann wegen ideologischer Meinungsverschiedenheiten auf, der Versuch, die „heimatlose Linke" zu sammeln, ist gescheitert. Von nun an lautet Freitags Auftrag, die westdeutschen Trotzkisten auszuspähen. Geplant wird auch die Entführung von Wolfgang Salus, Quartier für den Entführungstrupp soll die „Schellingstr. 133, 1. Treppe" sein.[105] Die Pläne werden nicht ausgeführt, Salus erkrankt Ende Februar an einer Lungenentzündung und stirbt innerhalb weniger Tage. Obwohl eine Autopsie keine Hinweise auf eine Vergiftung ergeben, heißt es in einem späteren Bericht Freitags: „Salus wurde als Schädling und Verräter ausgeschaltet."[106]

Otto Freitag erhält neue Aufgaben. Diesmal geht es um die Beobachtung und die eventuelle Entführung von Geheimdienstchef Reinhard Gehlen, der unter dem Decknamen „Jäger" läuft. Von Ende 1954 bis Oktober 1955 ist Freitag mit dieser Aufgabe beschäftigt, Gehlens Fahrwege von seinem Haus in Berg am Starnberger See in der Waldstraße 29 bis nach Pullach werden überwacht: „Die Abfahrt von Berg ist unregelmäßig ... Sie geschieht plötzlich und fast unbemerkt ... Es ist nicht möglich, Jäger mit einem Volkswagen zu folgen. Auch mit dem Mercedes schaffte ich es nicht."[107] Zum Zwecke der Beobachtung erwirbt Freitag sogar ein Haus in Starnberg, Etztalstr. Nr. 87 in Oberberg für 47.000 Mark. Von hier aus lässt sich die Waldstraße 29 beobachten. Die Stasi führt das Haus unter dem Decknamen „Berghaus". Zur geplanten Entführung von Gehlen kommt es nicht, 1955 nimmt der deutsche Bundestag diplomatische Beziehungen zu Moskau auf.

Freitag arbeitet bis 1961 weiter für die Stasi und den KGB in München und wird dann nach Ost-Berlin beordert. Seine Übersiedlung wird propagandistisch als „Flucht" vor dem BND dargestellt. 1969 wird er pensioniert. Ab 1975 schreibt er anonyme Briefe an das bayerische Landesamt für Verfassungsschutz, diese Briefe bringt seine Tochter über die innerdeutsche Grenze. 1978 wird er in der DDR wegen Spionage für die Bundesrepublik angeklagt und zu neun Jahren Haft verurteilt, er wird aus der SED ausgeschlossen und seine Auszeichnungen werden ihm aberkannt. 1980 wird er vorzeitig freigelassen. Otto Freitag stirbt noch vor der Wende 1989.

Die Propaganda-Sender in München

Wer 1990 die strengen Sicherheitskontrollen am Eingang des barackenähn-
lichen Gebäudes von *Radio Free Europe* und *Radio Liberty* in der Münchner Öttingenstraße 67 hinter sich gebracht hatte, tauchte ein in ein buntes
Sprachengewirr. Ein deutsch sprechender Pförtner kassierte die Ausweis-
papiere, sein Kollege murmelte auf Amerikanisch in das Telefon, im Foyer
diskutierten zwei ältere Herrn lautstark auf Tschechisch, ein Wegweiser auf
dem Flur wies in die bulgarische Redaktion und im Studio 1 saß ein Redakteur vor dem Mikrofon und las gerade für die Abendsendung die internati-
onale Presseschau auf rumänisch. Damals arbeiteten noch 1000 Mitarbeiter
in den Gebäuden am Englischen Garten. 1950 hatte *Radio Free Europe* als
einer der größten US-amerikanischen Propagandasender Richtung Osten
seinen Betrieb von München aus aufgenommen, 1973 war *Radio Liberty*
hinzugekommen. Beide Sender wurden zumindest bis 1973 von der CIA finanziert und strahlten aus 21 Sendestudios rund 1000 Programmstunden
pro Woche in 23 osteuropäischen Sprachen aus. 40 Mitarbeiter waren 20
Stunden am Tag damit beschäftigt, östliche Radio- und Fernsehsender auf-
zuzeichnen und rund 500 Zeitungen und Zeitschriften auszuwerten. 100
Spezialisten eines Forschungszentrums für politische Analysen veröffent-
lichten jede Woche Berichte über die UdSSR und Osteuropa. *Radio Free
Europe* und *Radio Liberty* waren Teil des Kalten Krieges und standen an
vorderster Front im Krieg um den Äther. Anders als andere Auslandssender
wie *Voice of America* – der aus der amerikanischen Botschaft in München
sendete – oder die Deutsche Welle fungierten sie quasi als „Inlandssender"
für die einzelnen Länder des Ostblocks und versorgten die Hörer in Polen
oder Rumänien mit Inlandsinformationen. 1990 war der Rote Stern über
Osteuropa gesunken und die beiden Sender hatten sich sozusagen zu Tode
gesiegt, der Sendebetrieb aus der Öttingenstraße wurde 1995 eingestellt,
man zog nach Prag um. Heute sind die Gebäude Teil der Münchner Universität.

Radio Free Europe war immer schon eng mit US-Geheimdiensten
verknüpft und als Spionage- und Propagandaeinrichtung das Ziel anderer
Geheimdienste, vor allem auch aus dem damaligen Ostblock, was zu regelmäßigen Schlagzeilen über dubiose Ereignisse führte. 1981 explodierte
eine Bombe vor dem Sender und richtete Sachschaden an, 1982 wurde ein
Exilrumäne von Messerstechern schwer verletzt, 1989 gab es ein Gerücht,
dass Mitarbeiter der rumänischen Abteilung, die alle an Krebs verstarben,
Opfer der *Securitate* – des rumänischen Geheimdienstes – wären.

München – Stadt der (rechtsgerichteten) Emigranten

München war in den 1950er und 1960er Jahren auch eine Hochburg für Flüchtlinge und Emigranten aus Osteuropa, die unter anderem bei den beiden US-Sendern Arbeit fanden. Viele Exilorganisationen waren antikommunistisch ausgerichtet und erfreuten sich so der finanziellen Unterstützung durch die Amerikaner, auch schien für diese Gruppen München ein sichereres Pflaster als Berlin. So tauchten hier im Ostblock als Kriegsverbrecher gesuchte Personen unter. Daneben hatten viele Hilfsorganisationen ihren Sitz in München und waren Anlaufstelle für Flüchtlinge und „displaced persons", die etwa auf eine Ausreise in die USA hofften.

1955 ging man von 100.000 bis 120.000 rechtsgerichteten Emigranten in der Bundesrepublik aus. 80.000 davon lebten in Bayern und davon die meisten wiederum in München.[108] In der Stadt gab es an die 35 Exilregierungen, die den Umsturz in ihren Heimatländern betrieben und dabei auf die Gunst der US-Geheimdienste und die damit verbundene finanzielle Unterstützung hofften. Die Liste der Exilorganisationen reichte vom *Aserbeidschanischen Nationalen Zentrum* über den *Neuen Kampfbund für die Unabhängigkeit Idel-Urals* und dem *Bund der antikommunistischen General-Korniloff-Armee* bis zur *Vereinigung der ungarischen Frontkämpfer*.

Eine der größeren osteuropäischen Emigrantengruppen bildeten die Ukrainer. Die Ukraine erlebte 1918 nach langer Zugehörigkeit zum russischen Zarenreich eine kurze Phase der staatlichen Eigenständigkeit, bis sich im Gefolge der siegreichen Roten Armee eine sozialistische Republik gründete, die 1919 der Sowjetunion beitrat. Eine erste Welle von Emigranten verließ das Land, von denen sich viele in München niederließen. Zu ihnen gehörte der Kosakenführer Ivan Poltavee von Ostranytza, der hier in den 1920er Jahren den „Kosakischen Nationalrat" gründete und die Zeitung *Ukrainischer Kosak* herausgab. Seine Stunde kam nach dem Überfall der Wehrmacht auf die Sowjetunion 1941, er kommandierte auf Seiten der Deutschen ein Kosakenkorps aus Kriegsgefangenen. Nach dem Sieg der Sowjetunion 1945 kehrte er nach München zurück, die Stadt entwickelte sich zu „einem Zentrum der ukrainischen Emigration in Deuschland".[109] Zahlreiche Exil-Organisationen nahmen hier ihren Sitz, darunter der *Antibolschewistische Block der Nationen*, die *Ukrainische Exilregierung*, der *Ukrainische Oberste Befreiungsrat*, der *Verband der kriegsgeschädigten Ukrainer*.

Zu den Exilanten gehörte auch Stefan Bandera, der 1939 mit Hilfe der Deutschen die faschistische *Organisation Ukrainischer Nationalisten* grün-

dete. Der Nazi-Kollaborateur stellte eine ukrainische Einheit „Nachtigall"
auf, die mit der Wehrmacht 1941 in Lemberg einmarschierte. Was folgte,
war der Massenmord an Juden. Bandera, der 1945 von der Sowjetunion als
Kriegsverbrecher gesucht wurde, tauchte 1946 als Stephan Popel in München unter. 1959 starb Bandera in der Kreittmayr Straße 7 im Treppenhaus
an einer Zyankalivergiftung. Im April 1958 erschütterte eine Explosion das
Haus in der Zeppelinstraße 67, ein Zentrum ukrainischer Exilorganisationen, in der Druckerei wurden antisowjetische Schriften hergestellt.

München war nach dem Sieg der jugoslawischen Kommunisten auch
der Fluchtpunkt vieler Emigranten aus dem Balkan und diese setzten hier
ihre Auseinandersetzungen fort, ein „Pulverfass", wie die *Süddeutsche Zeitung* im Juni 1955 schrieb. Im Oktober 1968 wurden im Haus Paul-Heyse-
Straße 25 drei Exilkroaten ermordet. Darunter Mila Rukorina, Führer der
exilkroatischen Faschisten in Westdeutschland und wegen Massenmords
an Serben während des Zweiten Weltkrieges gesucht. 1969 wurde am Hasenbergl der serbische Monarchist Ratko Obradovic ermordet. 1972 wurde
auf das jugoslawische Generalkonsulat am Böhmerwaldplatz 2 ein Bom-
benanschlag verübt. „Die meisten dieser Verbrechen blieben im Dunkel des
Untergrundkampfes unaufgeklärt", so das Fazit des München-Historikers
Benedikt Weyerer.[110]

Eine spezielle Exilgruppe bildeten 1955 die rund eintausend Musli-
me in München. Viele von ihnen hatten ebenfalls im Krieg auf deutscher
Seite gekämpft. So existierte eine „Ostmuselmanische SS-Division", die
sich aus Angehörigen der Turkvölker zusammensetzte und gegen Stalin
kämpfen sollte – eine „bizarre Fußnote in der Geschichte des Zweiten
Weltkrieges".[111] Im Zuge des Kalten Krieges begannen sich auch die USA
und später bundesdeutsche Behörden für die ehemaligen Freiwilligen der
kleinen islamischen Gemeinde zu interessieren. Im März 1973 erfolgte
die Einweihung einer Moschee an der Wallnerstraße 1, weit draußen im
Norden an der Stadtgrenze und in unmittelbarer Nähe zum Müllberg und
zur Kläranlage, Libyens Revolutionsführer Muamar Gaddafi hatte dazu 1,6
Millionen Mark gespendet. Damit wurde München zu einem „Zentrum des
politischen Islam in Deutschland und Europa"[112] und geriet in das Visier
von CIA, KGB, Stasi und arabischen Agenten. Im Januar 1982 explodierte
vor der Moschee eine Bombe, auch diese Tat blieb unaufgeklärt.

Mit Dampferzeuger und Bügeleisen – München als Schauplatz illegaler Postüberwachung in den 1950er Jahren

Der Stein des Anstoßes waren die „Mitteilungen des pädagogischen Kabinetts Berlin", eine Einrichtung zur Weiterbildung von Lehrern. Die hätte Martin Deckart, Studienrat in Rente aus Bad Tölz, gerne gelesen. Ging aber nicht, weil das dortige Amtsgericht die Hefte beschlagnahmt hatte. Der Grund: Es handele sich nicht um „sachliche, pädagogische Fachschriften", sondern der Inhalt sei „eindeutig hetzerisch im Sinne der sowjetzonalen SED-Politik". Gegen den Herrn Studienrat wurde auch noch gleich ein Strafverfahren eingeleitet, später aber wieder eingestellt. Wir schreiben das Jahr 1955 und die Postzensur durch die Behörde ist ebenso illegal wie weitverbreitet. Dass das Thema Überwachung „kein Alleinstellungsmerkmal der DDR mehr ist", sondern auch in der Bundesrepublik flächendeckend und ungesetzlich betrieben wurde, das ist die Kernaussage des Historikers Josef Foschepoth von der Universität Freiburg in seinem Buch *Überwachtes Deutschland. Post- und Telefonüberwachung in der alten Bundesrepublik*.[113]

München, Arnulfstraße 60. Heute befindet sich in dem mächtigen Gebäude entlang der Eisenbahntrasse zum Hauptbahnhof das *Art Deco Palais*, ein „in warmen Gelbtönen gehaltener Bürokomplex". Früher befand sich hier die „grau-grün verputzte" Oberpostdirektion, zusammen mit dem Telegraphen- und dem Fernsprechamt. Der Behördenbau umfasste 40.000 Quadratmeter Grundfläche, fünf Innenhöfen und 530 Räume.

Bis 1968 hatten einige dieser Räume eine besondere Funktion: Auf 296,25 Quadratmetern in zehn Räumen zuzüglich eines Flurs und Toilette war hier die geheime US-amerikanische Überwachungsstelle untergebracht. Es war die zweitgrößte alliierte Überwachungsstelle in Räumen der Bundespost überhaupt.

Was geschah dort? Eine strategische Postzensur der Besatzungsmächte, bei der zum Beispiel allein 1960 rund 4,6 Millionen Briefsendungen aussortiert wurden. Millionenfach wurden also Briefe aus dem Verkehr gezogen, geöffnet, ausgewertet und danach wieder in den Postverkehr gebracht. Auch Einzelpersonen wurden gezielt überwacht, 1958 betraf das 2077 Personen. Dabei musste aus Tarnungsgründen gleich die gesamte Post von Häusergruppen durchsucht werden. Auch die Post der Bonner Bundesregierung und der Bundestagsabgeordneten unterlag dieser Überwachung.

Außerdem wurden millionenfach Telefonleitungen, Fernschreiber und der Telegraphenverkehr überwacht.

Da dies nach dem Grundgesetz illegal war, schufen die drei Besatzungsmächte in Westdeutschland per Verordnung die entsprechenden Voraussetzungen: Ab 1950 war die Einfuhr von Veröffentlichungen, die die Sicherheit der alliierten Streitkräfte gefährdeten, verboten. Dies war die Formel, so der Historiker Foschepoth, für den Aufbau eines „umfangreichen Überwachungs- und Geheimdienstapparates im westlichen Teil Deutschlands durch die westlichen Siegermächte. Und zugleich die Formel, mit der diese Überwachung vor der Öffentlichkeit, den Parlamenten und Gerichten verschleiert werden konnte. Bis 1968, so Foschepoth, lassen sich 28 Überwachungsstellen der Amerikaner, Briten und Franzosen nachweisen, wobei die Amerikaner über elf Außenstellen, sieben Nebenstellen und eine Zentrale in Oberursel verfügten. Die größte Überwachungsstelle war das Postscheckamt Nürnberg mit 21 Räumen und 480 Quadratmetern, gefolgt von München.

Dort – und anderswo – blieben in den 1950er Jahren aber auch die deutschen Beamten der Bundespost nicht untätig. Trotz ihres Eides, das Postgeheimnis zu wahren, wurden regelmäßig in den Postämtern Briefsendungen aus der DDR und dem Ostblock geöffnet, „ausgesondert" und „vernichtet", wie es damals immer noch nach Nazi-Jargon klingend hieß. Im September 1951 verfügte der damalige Bayerische Ministerpräsident Hans Ehard (CSU), dass alle Amtsangehörigen Postsendungen aus der SBZ, den deutschen Ostgebieten und allen „Oststaaten" abzuliefern hätten, sofern sie Propaganda enthielten. Was Propaganda war, wurde nicht definiert. Die abgelieferten Postsendungen waren „durch Mittelstellen zu vernichten". Dies geschah an Ort und Stelle durch Verbrennen. Foschepoth: „So dürfte in den ersten Jahren der Bundesrepublik so manches Feuer entlang der Zonengrenze von der örtlichen Polizei angezündet worden sein."

Erst als das Bundesjustizministerium die Meinung vertrat, dass das Material als Beweismittel für strafrechtliche Verfolgung nützlich sei, wurden die „staatsgefährdenden" Postsendungen der Justiz übergeben. Jetzt entschied der Staatsanwalt über die Vernichtung. So berichtete das Bayerische Landesamt für Verfassungsschutz, dass allein durch die Staatsanwaltschaft München I im Jahr 1958 achteinhalb Tonnen staatsgefährdender Schriften – vor allem aus der „Sowjetischen Besatzungszone", also der DDR – eingestampft worden waren. Der größte Brief-Schredder in Westdeutschland stand in Hannover und war aus Tarnungsgründen im Keller des örtlichen Gefängnisses untergebracht, um die Vernichtung geheim zu halten. Dort

Broschüre von 1947.

landeten 55 Prozent der aussortierten Briefsendungen, darunter nicht nur „Propagandamaterial", sondern wohl auch jährlich bis zu 96.000 private Briefe allein aus der DDR. Ab 1965 wurde sämtliche aus der DDR eingehende Post über vier zentrale Aussonderungsstellen in Hamburg, Hannover, Bad Hersfeld und Hof überwacht und kontrolliert.

Wie war das mit dem Grundrecht des Briefgeheimnisses vereinbar? Gar nicht. „In der Bundesrepublik Deutschland gab es eine Überwachungspraxis, die den verfassungsrechtlichen und gesetzlichen Bestimmungen klar und eindeutig widersprach", so das Fazit von Foschepoth. Um die illegale Praxis zu legitimieren, wurde gleichsam um das Grundgesetz herum durch Anweisungen, Verordnungen und „kühne Interpretationen" bestehender Gesetze ein Rechtsrahmen gezimmert. Dazu gehörte das sogenannte „Fünf-Broschüren-Urteil" des Bundesgerichtshofes in Karlsruhe vom 8. April 1952. „Angeklagt" waren fünf Broschüren, die sich gegen die Wiederbewaffnung der Bundesrepublik, für eine Wiedervereinigung Deutschlands und den Abschluss eines Friedensvertrages aussprachen. Derartige Broschüren wurden 1951 im Auftrag der SED millionenfach gedruckt und in die Bundesrepublik versandt. Freilich, auch die Bundesregierung hielt sich in Sachen Propaganda keineswegs zurück, sondern druckte ihrerseits fleißig Broschüren und Flugblätter, 10,4 Millionen Druckschriften allein im Frühjahr 1951.

Das Karlsruher Gericht entschied jedenfalls, die fünf Broschüren aus der DDR seien „zur Vorbereitung eines hochverräterischen Unternehmens gegen die Bundesrepublik Deutschland bestimmt. Sie werden eingezogen". Dieses Urteil, dessen Begründung nie veröffentlicht wurde, sollte ein paar Jahre später zur Legitimation der „Hexenprozesse", wie die *Süddeutsche Zeitung* damals schrieb, dienen. Gemeint waren die Prozesse um das Verbot der KPD.

Die faktisch nicht bestehende Rechtsgrundlage für die flächendeckende Überwachung endete 1968 mit dem sogenannten G-10-Gesetz. Damit wurde die Überwachung des Post- und Telefonverkehrs auf die westdeutschen Nachrichtendienste des Verfassungsschutzes, BND und MAD übertragen. In 20 Städten der Bundesrepublik wurden insgesamt 25 Überwachungsstellen eingerichtet, zur Grundausstattung gehörte ein Dampferzeuger, ein Bügeleisen, ein Fotoapparat, ein Blitzgerät, ein Koffer und ein Dienstwagen. Die Telefonüberwachung fand aus Kostengründen möglichst in der Nähe der Postämter statt. „Jetzt war gesetzlich geregelt", schreibt der Historiker, was bisher schon ohne Legitimation gang und gäbe war. Sein Fazit: „So viel Macht und Möglichkeiten zur politischen Überwachung der eigenen

Bevölkerung wie ab 1968 hatte es in der Hand der Deutschen seit dem
Ende der nationalsozialistischen Diktatur in Deutschland nicht gegeben."
Abschließend kommt Foschepoth zu der Frage: „Worin bestand der Unter-
schied zwischen einer gesetzes- und verfassungswidrigen Handhabe der
Post- und Fernmeldeüberwachung in einem Rechtsstaat wie der Bundesre-
publik und einem 'Unrechtsstaat' wie der DDR, die beide den Schutz des
Post- und Fernmeldegeheimnisses in ihre Verfassung geschrieben hatten?"

Die Geschichte von Kongo-Müller

Ein spezielles Licht auf die politischen Verhältnisse der 1960er Jahre wirft
eine Episode, die sich im November 1965 in den Münchner ARRI-Studios
zugetragen hat. Die beiden DDR-Filmemacher Walter Heynowski und
Gerhard Scheumann interviewten – sich als „deutsches" Filmteam ausge-
bend – den berüchtigten Söldner Siegfried Müller über seine Kriegserleb-
nisse im Kongo. Daraus entstand der entlarvende Dokumentarfilm *Der lachende Mann – Bekenntnisse eines Mörders*. Der Film wurde im
DDR-Fernsehen ausgestrahlt. In der Bundesrepublik hingegen wurde er
verboten – von einem obskuren „Interministeriellen Ausschuss für Ost /
West-Filmfragen". „Eine Zensur findet nicht statt", heißt es bekanntlich im
Grundgesetz – das galt damals allerdings nicht für Filme aus dem Ostblock.

Siegfried Müller alias Kongo-Müller war in den 1960er Jahren einer
der vielen deutschen Söldner, die sich auf den Schlachtfeldern der Ko-
lonialkriege ihr Geld verdienten. Der damals 44-jährige Müller hatte im
Zweiten Weltkrieg an der Ostfront gekämpft („Eisernes Kreuz 1. Klasse")
und kam nach einer Verwundung 1945 in einem hessischen Feldlazarett
in amerikanische Gefangenschaft, aus der er 1947 entlassen wurde. Bis
1956 diente Müller dann als Offizier in den sogenannten Amerikanischen
Dienstgruppen, die auf amerikanischen Militärflugplätzen eingesetzt wurden. Schließlich tauchte Müller im August 1964 als Söldner im Kongo auf,
um den Aufstand der Simbas niederzuschlagen. Die „Republik Kongo" war
1960 aus der belgischen Kolonie hervorgegangen und wurde zum Spiel-
ball der Interventionen von den USA, Belgien und der Sowjetunion. 1964
gründete eine von China und der Sowjetunion unterstützte Rebellengruppe
um die Stadt Stanleyville (heute: Kisangani) die „Volksrepublik Kongo",
die Zentralregierung unter Moise Tschombe setzte bei der Bekämpfung
der Rebellen auf Söldner, unter ihnen Siegfried Müller, der als Hauptmann
ein Kommando befehligte. „Das kongolesische Uran, das kongolesische

Kupfer, das kongolesische Gold und die anderen Bodenschätze des reichen afrikanischen Staates drohten endgültig den Händen der internationalen Monopole zu entgleiten. Da hoben diese den Lumumba-Mörder Moise Tschombe in den Sattel.“[114]

Müller wurde in Deutschland bekannt, als der *Stern*-Journalist Gerd Heidemann (der später mit den gefälschten Hitler-Tagebüchern für Aufsehen sorgte) ihn im Kongo aufsuchte und der Stern vom November 1964 eine mehrteilige Reportage über ihn brachte. Eines der Fotos zeigt einen Jeep der Müllertruppe, dekoriert mit Knochen und Totenschädel. Andere Medien wie der *Spiegel*, *Quick* und *Revue* folgten. So wurden die beiden DDR-Filmer auf „Kongo-Müller“ aufmerksam und beschlossen, über ihn und mit ihm einen Dokumentarfilm zu drehen, in dem sich der Söldner selbst entlarven sollte. Die Vorbereitungen dazu dauerten ein Jahr.

Müller kam zwischendurch immer wieder aus dem Kongo nach Frankfurt, seinem Wohnort in Deutschland. Die Filmemacher boten ihm 10.000 Mark an und ließen ihn in dem Glauben, sie seien ein westdeutsches Filmteam. Ein erstes Treffen fand in einem Nobelrestaurant in München statt, seine Ehefrau war auch anwesend. „Wir sagten zu Müller: 'Wir möchten gerne ein Portrait über Sie machen.' Das hat ihn natürlich sehr gereizt.“[115] Bei Rehrücken, Lachs und Austern wurden die Einzelheiten besprochen. Man verabredete sich für den 10. September 1965. An diesem kalten Donnerstag hatten die DDR-Filmer ein Studio bei ARRI in Schwabing gemietet, die Ehefrau von Müller wurde mit einer Karte für das Musical *My fair Lady* aus der Schussbahn gebracht. Im Studio brachten die Filmer den Söldner sogar dazu, seine Kampfuniform anzuziehen. „Faszinierend war: Als der Mann plötzlich in Uniform mit den Fallschirmspringer-Stiefeln aus dem anderen Zimmer kam, wurde er ein ganz anderer Mensch.“[116] Das Interview dauerte vier Stunden. Müller leerte dabei eine Flasche Pernod, Gerhard Scheumann, der Interviewer, eine Flasche Cognac der Marke *Bisquit*. Der „Klassenkampf“ fand also durchaus auf Augenhöhe statt, was den Alkoholpegel anbelangte. In dem Interview entlarvt der durchaus gebildete und eloquente, meist lächelnde und schließlich lallende Müller sich selbst: „Sehen Sie, ich bin gegen das Abschießen von Negern ... wir kämpfen in Afrika für Europa ... weil er ein Rebell ist, wird er getötet ... da waren hunderte Tote ... kämpfe nicht für mich, sondern für die Freiheit.“[117] Der Film *Der lachende Mann* wurde erstmals am 9. Februar 1966 im DDR-Fernsehen ausgestrahlt.

In der Bundesrepublik durfte der Film nicht gezeigt werden. Die politische Zensur fand statt durch einen ominösen „Interkulturellen Aus-

schuss für Ost/West-Filmfragen", der im Januar 1953 unter anderem vom
Auswärtigen Amt, dem Bundeswirtschaftsministerium, dem Bundesin-
nenministerium und dem Verfassungsschutz gegründet worden war. Der
Ausschuss hatte die Aufgabe, jene Filme auszusieben und den Import zu
verbieten, die nicht „politisch einwandfrei" waren. Verboten wurden zum
Beispiel 1954 Wolfgang Staudtes Verfilmung von Heinrich Manns *Der Un-
tertan*, das Defa-Märchen *Das tapfere Schneiderlein* oder eben die Filme
von Heynowski und Scheumann. Auch hier gab es für die Zensur zunächst
keine rechtliche Grundlage, die wurde erst 1961 mit dem „Gesetz zur Überwachung strafrechtlicher und anderer Verbringungsverbote" geschaffen,
kontrolliert und zensiert wurden ausschließlich Filme aus Ostblockstaaten.
Nach einer Klage beim Bundesverfassungsgericht stellte der Ausschuss –
ein unbekannter, gesichtsloser und im Verborgenen tagender Zirkel – 1972
seine Tätigkeit ein. Er hatte zwischen 1953 und 1967, als sich die Klage
abzeichnete, mehr als 3000 Filme gesichtet und rund 130 verboten.

Kalter Krieg: Lasky-Center in München eröffnet

Der Kampf der Ideen hat – wer hätt's gedacht – auch eine materielle Seite:
Auch Dichter, Denker und Journalisten brauchen Unterhosen, essen lieber
Schnitzel als Runkelrüben und auch eine Zeitschrift, in der die Ideen publiziert werden können, kostet Geld. Ohne letzteres tut sich so mancher Ge-
danke eben schwer, an das Licht der Öffentlichkeit zu treten. Im Europa der
1950er wandte sich auch der amerikanische Geheimdienst CIA diesem an
und für sich materialistischen Gedanken zu und finanzierte den „Kongress
für kulturelle Freiheit", der die Aufgabe hatte, europäische Intellektuelle an
sich zu binden – ein antikommunistisches und antisowjetisches Bollwerk
an der Kulturfront des Kalten Krieges. Zu diesem Zwecke finanzierte die
CIA schließlich auch diverse Zeitschriften – in Deutschland *Der Monat*, in
Frankreich *Preuves*, in England den *Encounter*.

Eine zentrale Figur in diesem Krieg um Herzen und Hirne war Melvin
Lasky (1920–2004) – „Mel" wie ihn familiär der TV-Journalist Peter Mer-
seburger, früher bekannt aus Funk und Fernsehen, nannte. „Ob der CIA
ihm Geld gegeben hat oder nicht, ist für mich völlig egal, wichtig ist die
Wirkung", meinte der frühere *Panorama*-Redakteur im Oktober 2010 im
Amerika-Haus in München. „Eben", meinte Michael Naumann, Staatsminister a.D. und Chefredakteur der Zeitschrift *Cicero*, der auch da war,
„der junge DGB, die Berliner SPD und Willy Brandt" seien ja auch vom
CIA finanziert worden. 1967 freilich, als bekannt wurde, dass sowohl der

Die Lasky-Ausstellung 2010 im Münchner Amerika-Haus.

„Kongress für kulturelle Freiheit" als auch Zeitschriften wie *Encounter* vom amerikanischen Geheimdienst finanziert wurden, war die Reaktion etwas ungehaltener: Manche Leser und Autoren fühlten sich betrogen und warfen der Redaktion vor, sich zum Zwecke amerikanischer Propaganda instrumentalisieren zu lassen. „Bis zu seinem Tod 2004 haftete Laskys Ruf ... ein gewisser Makel an", so der Historiker Hugh Wilford.

Melvin Lasky also, aufgewachsen im jüdischen Milieu der New Yorker Bronx, kam 1945 als US-Soldat nach Deutschland, arbeitete später als Journalist und wurde als Redakteur des *Monats* und später *Encounters* zu einer zentralen Figur des Kulturkampfes im Kalten Krieg. Ein Mann, der sich vom „engagierten Trotzkisten" zum „eisernen Antikommunisten und Kulturkrieger" wandelte, der als Redakteur des *Monats* – „zweifellos ein Organ der amerikanischen Propaganda" – für dessen „hohes Niveau" sorgte, wodurch er ebenso wie später als Redakteur des *Encounter* selbst finanziell versorgt war.

Lasky agierte also in einem Netzwerk der Macht und diese strukturelle Position schlug sich ebenso wie der Sieg im Kalten Krieg nieder: In

Form der Gründung eines *Lasky Centers for Transatlantic Studies* an der Münchner Universität. Darin ist der Nachlass von Lasky eingebracht, seine umfangreiche Bibliothek mit Anmerkungen und seine Korrespondenz. Das Center beschäftigt mehrere wissenschaftliche Mitarbeiter und ist mit Geldern der Universität ausgestattet – die Position im Felde der Mächtigen spiegelt sich auch in der akademischen Landnahme wieder. Zur Gründung des Lasky-Centers wurde im Amerika-Haus eine kleine Ausstellung *Cold War Politics – Melvin J. Lasky: New York – Berlin – London* eröffnet.

Diese Ausstellung war ungefähr zwei Kilometer Luftlinie von der Münchner Kaulbachstraße entfernt, in der Richard Hiepe in den 1960er Jahren eine Ladengalerie eröffnet hatte. Hiepe (1930–1998) war nicht nur ein Zeitgenosse Laskys, sondern auch politischer Gegenpart. Als Redakteur der Zeitschrift *tendenzen* ging es ihm um eine Kunst von unten, um die Kunst des Widerstandes und des Antifaschismus. Als Mentor unterstützte und begleitete er die Neugründung einer zweiten deutschen *Arbeiterfotografie*[118] in den 1970er Jahren, er war Autor von mehreren Büchern zur Kunstgeschichte und Dozent an verschiedenen Hochschulen. Mit Lasky hatte er eine kämpferische Intellektualität gemeinsam und die mehr oder weniger verdeckte Finanzierung seiner Zeitschrift durch Geldgeber – in diesem Falle Ostberlin. Hiepe war Mitglied der DKP und vertrat politisch die Position der SED. Von Lasky trennte ihn die Position im Macht- und Versorgungsgefüge: Dem Kommunisten Hiepe blieb eine Professur verwehrt, ebenso wie materielle Absicherung.

Lasky und Hiepe stehen für die entgegengesetzten Seiten der Kulturfront im Kalten Krieg, in dem sich die intellektuellen Auseinandersetzungen nicht zuletzt über verdeckte Finanzierungen durch die beiden Machtblöcke organisierte. Angemessen wäre eine ganzheitliche historische Aufarbeitung dieser Zeit. So wartet der Nachlass von Hiepe – 3,7 laufende Meter im Archiv der Akademie der Künste in Berlin – noch seiner Sichtung.

Proteste in München: Schwabinger Krawalle, 1968 und Dieter Kunzelmann

In der Nachkriegszeit ist München wie andere Städte auch ein Ort der sozialen und politischen Auseinandersetzungen und Proteste. Im August 1950 etwa demonstrieren 50.000 Gewerkschafter gegen Preissteigerungen und die Politik der Bundesregierung, 1957 fordern die 50.000 Teilnehmer der 1. Mai-Kundgebung die Fünf-Tage-Woche – nur zwei herausgegriffene Großdemonstrationen aus einer Vielzahl von öffentlichen Protesten und Streiks der Gewerkschaften.[119] Es geht gegen Hunger, Preissteigerungen, Remilitarisierung und die Freisprüche von NS-Funktionären, um Antifaschismus und die Anliegen der Flüchtlinge.

Einen ungewöhnlich militanten Charakter haben dabei die Auseinandersetzungen um die verlängerten Samstag-Ladensöffnungszeiten 1953/54. Es geht dabei um das zunächst – aus heutiger Sicht – nicht sehr bedeutend erscheinende Thema Ladenschlusszeiten: Einige Firmen in München – darunter C&A Brenninkmeyer und Salamander – wollen ihre Läden auch am Samstagnachmittag geöffnet haben. Am 1. Mai 1953 demonstrieren 80.000 Menschen für einen freien Samstagnachmittag auf dem Königsplatz und ziehen anschließend durch die Luisenstraße. Die erst vor zwei Jahren aufgestellte Bereitschaftspolizei kommt mit Stahlhelmen und Karabinern zum Einsatz, mit dabei auch der Stolz der Polizei, ein jüngst angeschaffter Wasserwerfer. Der Demonstrations-Zug wird aufgelöst. In den folgenden Wochen kommt es immer wieder zu Auseinandersetzungen zwischen Polizei und Demonstranten, die sich zu „bürgerkriegsähnlichen Unruhen"[120] steigern. Am Samstag, den 20. Februar 1954, blockieren 1000 Demonstranten nach 14 Uhr die Eingänge noch geöffneter Geschäfte, die Polizei geht mit vorgehaltenen Karabinern, Wasserwerfer und berittener Polizei gegen sie vor. Am 27. März, wieder ein Samstag, reitet die Polizei erneut in eine demonstrierende Menschenmenge und schlägt mit Gummiknüppeln zu, Steine fliegen, Scheiben zerbrechen – es ist „Ladenschluss-Krieg". Er wird schließlich von den Gewerkschaften verloren, immer mehr Betriebe bleiben am Samstagnachmittag geöffnet. 1956 aber wird der Ladenschluss am Samstag um 14 Uhr durch Bundesgesetz geregelt.

Einen anderen Charakter – auch in der öffentlichen Erinnerung – hatten 1962 die „Schwabinger Krawalle". Dabei ging es um fünf spektakuläre Protestnächte vom 21. bis 25. Juni, an denen sich auf der Leopold-/Ecke Martiusstraße in Schwabing bis zu 20.000 Menschen beteiligten. Der Ausgangspunkt war relativ unspektakulär: Zwei Polizisten versuchten, einige Gitarrenspieler auf der Straße, um die sich Hunderte Zuhörer versammelt hatten, wegen Ruhestörung und Verkehrsbehinderung zu entfernen. Zahlreiche Zuhörer versuchen das zu verhindern, weitere Polizisten kommen hinzu, die Reifen der Polizeiautos werden zerstochen, es kommt zu Handgemengen. Dies setzt sich in den folgenden Nächten fort, wobei der Protest kaum direkt politisch ist, sondern gegen eine konservative Autorität gerichtet. Die äußert sich etwa in Leserbriefen: „Keiner von diesen Schwabinger Wirtschaftswunder-Verwahrlosten wäre in der Lage, im ganzen Jahr auch nur annähernd das zu leisten, was ein Polizist in allein zwei Stunden am Stachus z.B. zu leisten hat! ... Keiner hatte dort etwas zu suchen, erst recht nicht Frauen, denen die doppelte Tracht Prügel gehört hätte!"[121]

Es handelte sich auch um die antiautoritäre „erregend neue Erfahrung" Verbotenes zu tun, um „Erlebnissuche und verletztes Rechtsempfinden".[122] Die teilweise provozierten Polizeibeamten schlugen mit ihren Knüppeln auf ältere und jüngere Leute ohne Unterschied ein, mehr als 300 Personen wurden festgenommen. Heute wird darüber debattiert, ob die Schwabinger Krawalle eher eine Nachform der Halbstarken-Krawalle der 1950er Jahre oder ein Vorbote der 1968er Bewegung waren.[123]

Im Umfeld von 1968 finden auch in München diverse Aktionen und Proteste statt. Bei den „Osterunruhen" im April 1968 gibt es in München zwei Tote: Als Reaktion auf das Attentat auf Rudi Dutschke in Berlin stürmen Demonstranten am Abend des 11. April 1968 das Gebäude der *Bild*-Zeitung an der Barer Straße 54. Dort kommt es am nächsten Tag zum Barrikadenbau und der Schlacht mit der Polizei, die mit Wasserwerfer vorgeht und die Straße schließlich gegen Mitternacht räumt – einschließlich eines Chevrolets, der von den Demonstranten benutzt wurde. Am Ostermontag kommt es erneut zur Schlacht um die Auslieferung der *Bild*-Zeitung, es fliegen Steine. Der Pressefotograf Klaus Frings wird tödlich am Kopf getroffen. Auch der Student Rüdiger Schreck wird bei den Auseinandersetzungen tödlich verletzt – wahrscheinlich durch Polizeieinsatz. Die genaueren Umstände der beiden einzigen Toten der bundesdeutschen „Osterunruhen" sind ungeklärt.[124]

Anfang 1969 etwa protestieren die Studierenden in der Kunstakademie gegen den Vietnamkrieg, sie wird daraufhin im Februar vom Kultusminister geschlossen. Die Aktion ist spektakulär: Ein Motorradrennen in den heiligen Hallen der Akademie. „Es war schon brutal, die schweren Maschinen in den Gängen! Während der ganzen Zeit standen ja zwei Hundertschaften

Polizei vor der Akademie. Das wäre hart geworden, wenn die gekommen wären!"[125]

Am 11. Februar 1969 wird das Institut für Zeitungswissenschaft im Amerika-Haus besetzt. Ein Spruchband verkündet: „Erstes befreites Institut der Universität München." Gegen ein Uhr nachts wird das Institut von der Polizei geräumt, unter den 43 Besetzern befinden sich auch Rolf Heißler, Irmgard Möller und Brigitte Mohnhaupt, die sich später der *Roten Armee Fraktion* (RAF) anschließen. Im Juni streiken 30.000 Studierende in München und protestieren gegen das geplante neue Hochschulgesetz, im November 1969 kommt es zu einer Großdemonstration gegen den Vietnamkrieg.

Einer der bekanntesten Aktivisten der 1968er Bewegung in München war der in Bamberg geborene Dieter Kunzelmann. Er war seit 1960 Mitglied der Münchener Künstlergruppe *Spur*, die sich der *Situationistischen Internationalen* mit ihrem Cheftheoretiker Guy Debord anschloss. Er wohnte in einem Kellergewölbe in der Münchner Bauerstraße 24 für eine Monatsmiete von 30 Mark, von den Eltern bekam er 250 Mark pro Monat.[126] Das Schwabing dieser Zeit beschreibt er so: „In der gesamten Bundesrepublik gab es keinen lebendigeren Ort als München-Schwabing mit all seinen Künstlern, Studenten, Gammlern und der liberal gesonnenen Münchner Einwohnerschaft."[127]

„Der bärtige Kellerbewohner Kunzelmann, 24 Jahre alt, hatte mit einigen Malern und Schriftstellern der 'Gruppe Spur' eine avantgardistisch aufgemachte Zeitschrift in unregelmäßigen Abständen gedruckt und jeweils rund tausend Exemplare bei Gleichgesinnten der internationalen Bohème, vorwiegend in Frankreich und Skandinavien, kursieren lassen. In München betätigten sich die Editoren zugleich als Verkäufer und deponierten die Druck-Werke zur Ansicht auf Schwabinger Kaffeehaus- und Nachtklubtischen", schreibt am 15. Januar 1964 der *Spiegel* über die Wiederauflage des Prozesses vom Mai 1962, in dem Kunzelmann und Kollegen wegen Verbreitung unzüchtiger Schriften und Gotteslästerung zu fünf Monaten Gefängnis verurteilt worden waren.

1962 trennt sich Kunzelmann von der Gruppe und gründet im Herbst 1963 in München die „subversive Aktion", die mit geplanter Regelverletzung, mit Happenings und Aktionen provoziert. Im Januar 1967 hebt Kunzelmann mit anderen, darunter Fritz Teufel, die „Kommune I" in Berlin aus der Taufe.

Architektur und Städtebau der Nachkriegszeit

Die moderne Architektur der 1950er Jahre gilt mit ihren offenen und trans-
parenten Gebäuden als eine demokratische Architektur, die sich deutlich
von den Monumentalbauten des Nationalsozialismus unterscheidet. Die
Verwendung von Materialien wie Glas und Stahl erlaubte eine Formenspra-
che, die mit geschwungenen Linien und hellen Innenräumen den Optimis-
mus der Nachkriegszeit ausdrückte.

Das Amerika-Haus als Denkmal der Demokratie

In München gehört zu diesen Gebäuden das 1957 eröffnete Amerika-Haus
am Karolinenplatz. „Wir haben das als Haus der Befreiung gesehen, als ein
Denkmal für die Demokratie", sagt Franz Simm 2014. Der 87-Jährige ist
einer der Architekten des hellen Gebäudes. Das Amerika-Haus war als Kul-
turverein zuerst in dem Nazi-Bau an der Arcisstraße 12 untergebracht, bis
es das neu erbaute Gebäude am Karolinenplatz 3 bezog. Der Standort hat
symbolische Bedeutung: Eine demokratische Architektur inmitten des ehemaligen Nazi-Viertels der „Hauptstadt der Bewegung". Verkörpert so die
Architektur das demokratische Amerika, war das Haus in den 1960er und
1970er Jahren aber auch das Ziel von Protesten gegen die amerikanische
Politik, etwa den Vietnam-Krieg.

Nach der politischen Wende 1989 kam auch die Wende für das Ame-
rika-Haus: 1997 war seine Zukunft plötzlich ungewiss, die amerikanische
Regierung hatte aus Sparmaßnahmen ihre Unterstützung eingestellt, das
Ende für das kulturelle Programm, die Beratung für den Jugendaustausch
und die öffentliche Bibliothek schien gekommen. Doch einer Initiative mit
Unterstützung aus Politik, Wirtschaft und Öffentlichkeit gelang es, das
Haus als bayerische Institution weiterzuführen, ab Januar 1998 dann unter
der Regie eines Vereins, des *Bayerisch-Amerikanischen Zentrums* (BAZ).

Die Aktivitäten des Amerika-Hauses liefen mit reduziertem Etat weiter,
etwa die Treffen des *Deutsch-Amerikanischen Herrenclubs* und seines Ge-
genstücks, des *Deutsch-Amerikanischen Frauenclubs*, beide der Wohltätig-
keit verpflichtet, letzterer als Ausrichter des „Magnolienballs" bekannt. 2011
kritisierte der Bayerische Oberste Rechnungshof zu hohe Förderkosten,
fehlende Einnahmen und das Fehlen von Drittmitteln, die gesamte Träger-
struktur sollte neu und schlanker organisiert werden. Die Geschäftsführung
des Vereins wies die Vorwürfe empört als „völlig unzutreffend" zurück.

Das Amerika-Haus am Münchner Karolinenplatz ist ein Beispiel für die Architektur der 1950er Jahre.

Doch im März 2012 stand das Aus für das Amerika-Haus in Gestalt der *Deutschen Akademie der Technikwissenschaften* (Acatech) vor der Tür. Diese vom Bund mitfinanzierte Organisation, die dem Wissenstransfer dienen soll, suchte nach einem neuen Domizil und hatte dazu das Amerika-Haus ausfindig gemacht. Ministerpräsident Horst Seehofer (CSU) bestimmte schließlich: Das Amerika-Haus muss ausziehen. Was folgte, war eine erneute Initiative zum Erhalt der Institution am angestammten Platz: Am 15. Juni 2012 „umarmten" 650 Freunde das Haus, um für dessen Erhalt zu demonstrieren. Es dauerte bis Februar 2013, als schließlich die Kehrtwende kam: Das Amerika-Haus bleibt doch erhalten, hieß es nun aus dem Wissenschaftsministerium, aber mit einem „Neustart" als *Stiftung Bayerisches Amerikahaus GmbH – Bavarian Center for Transatlantic Relations.* Diese Stiftung hat die Rechtsform einer gemeinnützigen GmbH mit dem Freistaat Bayern als alleinigem Gesellschafter.

2014 kam es zum Streit um den geplanten Einzug der sogenannten „Sicherheitskonferenz" beziehungsweise deren Büro in das Amerika-Haus nach dessen Sanierung. Da die jährlich Sicherheitskonferenz, die regelmäßig von Großdemonstrationen begleitet wird, jeweils mit hohen Sicherheitsmaßnahmen durch die Polizei und der Einrichtung einer Sicherheitszone

Das Foyer des Amerika-Hauses bietet Platz für Ausstellungen.

rund um den Tagungsort, den Bayerischen Hof, verbunden ist (siehe dazu Band 2), fürchten Kritiker dieser Büro-Lösung eine Beeinträchtigung der offenen Struktur des Hauses durch Sicherheits- und Kontrollmaßnahmen. Diese offene Struktur ist auch das Anliegen der Opposition im bayerischen Landtag. Sie verabschiedete Ende Januar 2014 einen interfraktionellen Antrag, in dem SPD, Freie Wähler und Grüne fordern, dass für die „Münchner Sicherheitskonferenz weder ein Stockwerk noch auch nur einzelne Räumlichkeiten im Gebäude des Amerika Haus zur Verfügung" gestellt werden. Denn, so Isabell Zacharias, die für die SPD im Wissenschaftsausschuss sitzt, das würde zur Einrichtung von Sicherheitszonen führen und wäre das „Ende einer offenen Kultureinrichtung". Zu den Kritikern gehört neben der Landtagsopposition auch Architekt Franz Simm: „Ich halte das für keinen guten Gedanken." Während er mit den sonstigen Umbaumaßnahmen „seines" Hauses durchaus einverstanden ist, würde er eine derartige Nutzung bedauern: „Das hat doch schon diese politische Klammer."

Wie sich ein offenes Gebäude der 1950er Jahre im Zuge von Sicherheitsmaßnahmen in eine Festung verwandeln kann, lässt sich in München beim amerikanischen Generalkonsulat an der Königinstraße beobachten. Ursprünglich war der moderne Bau, der leichtfüßig auf dünnen Säulen ruht, frei zugänglich. Heute ist er von massiven Stahlgittern eingezäunt und mit Stacheldraht umgeben, von Polizei bewacht und nur durch Sicherheitsschleusen zu betreten.

Als München beinahe unter die Räder kam

Natürlich verkauft die Standlfrau in ihrem „Standl" am Münchner Viktualienmarkt vor allem eines: Kartoffeln. Steht doch auch auf einem Schild „Kartoffelhandlung" und so kann man hier an der Frauenstraße Erdäpfel aller Farben und Sorten kaufen – die Mehligkochenden fürs Püree, die Festkochenden für den Kartoffelsalat. Und auch alle anderen Zutaten für eine anständige Brotzeit finden die Münchner am Viktualienmarkt im Herzen der Stadt: Vom grünen Schnittlauch bis zu den fränkischen Bratwürsten. Manche schwören, die Weißwürste würden am Viktualienmarkt am besten schmecken, andere schätzen dort das Weißbier unter freiem Himmel – ein kleines, urbanes Paradies in der Altstadt. Dass das alles so ist, hat viel mit Karl Klühspies zu tun. Denn ihm ist es nicht zuletzt zu verdanken, dass der Münchner Stadtentwicklungsplan von 1963 nicht realisiert wurde. Denn dann gäbe es hier weder die Kartoffelhandlung noch Weißwürste oder Weißbier. Sondern eine mehrspurige Schnellstraße.

Mehr als fünfzig Jahre ist es nun her, dass der Münchner Stadtrat den Stadtentwicklungsplan von 1963 genehmigt hatte. Hätte man nach seinen Vorgaben die Landeshauptstadt umgestaltet, sähe München heute aus wie das texanische Dallas – nur ohne Hochhäuser. Meint jedenfalls der Architekt und Verkehrsplaner Karl Klühspies. Klühspies ist Jahrgang 1928, ein Senior mit weißen Haaren. Ein Einfamilienhaus in München-Laim, auf dem Tisch vor ihm liegt eine Mappe mit den Karten und Blättern des Stadtentwicklungsplans von 1963. Er zeigt darauf: „Wenn es danach gegangen wäre, würde man München heute nicht mehr wiedererkennen", sagt er.

Die 1960er Jahre waren die Zeit des Wirtschaftswunders und der beginnenden Motorisierung. Millionenfach lief der VW-Käfer vom Band, den sich nun auch der normale Arbeitnehmer leisten konnte. Die „autogerechte Stadt" lautete das damalige Credo der Stadtplaner und Vorbild war wie so oft das moderne Amerika. Dort waren die Städte verkehrsgerecht durch achtspurige Stadtautobahnen erschlossen, verteilt auf mehrere Stockwerke und durch Ab- und Zufahrtsschleifen in seltsamer Architektur miteinander verbunden.

Auch in München sollte die moderne Zeit beginnen. Obwohl der Stadtentwicklungsplan von 1963 festhielt, die Stadt sei „keine beliebig aus-
wechselbare Ansammlung von Personen, Straßen und Gebäuden", sondern
eine „organisch geschlossene Gemeinschaft", war man durchaus gewillt,
„neue Gestaltungslösungen anzunehmen und zu verwirklichen".

Der damalige Stadtentwicklungsplan reichte bis in das Jahr 1990 und
ging von folgender Entwicklung aus: Die Bevölkerung werde bis 1990 auf
1,5 Millionen Einwohner, die Zahl der Arbeitsplätze in München auf 1,1
Millionen anwachsen. Die Zahl der in München zugelassenen Kraftfahr-
zeuge wurde auf 530.000 geschätzt, danach käme auf drei Einwohner ein
Auto. Zum Vergleich: Im Dezember 2012 betrug die Zahl der Einwohner in München 1,44 Millionen, der Bestand an Kraftfahrzeugen betrug
rund 740.000. Sozialversicherungspflichtig beschäftigt waren 2010 rund
694.000 Personen.

Ohne autogerechte Erschließung stirbt die Stadt, hieß es damals in den
Etagen der Stadtplaner. Eine Folge davon war der Altstadtring, der eine
breite Schneise durch die Altstadt schlug, etwa entlang der Trasse vom
Isartor über die Maximilianstraße bis zum Haus der Kunst. 1967 wurde
damit begonnen, das dortige Prinz-Carl-Palais zu untertunneln. Das Bau-
vorhaben führte zu massiven Bürgerprotesten. Die hatten sich allerdings
schon vorher entzündet, zum Beispiel an der Planung für die Südseite des
Viktualienmarktes. Auch dort sollten im Rahmen einer „großen Lösung"
ganze Häuserviertel zwischen Frauen- und Müllerstraße dem mehrspuri-
gen Altstadtring weichen. „Der Kampf um eines der letzten Altmünchner
Reservate ist entbrannt. Es geht um ein kostbares Stadtbild, um das Lieb-
lingsfleckerl der Münchner, um das bevorzugte Ziel der Fremden – es geht
um den Viktualienmarkt", alarmierte im Mai 1963 eine Münchner Zeitung.
Der südliche Streifen des Marktes sollte der 50 Meter breiten Straße geop-
fert, die gegenüberliegenden Häuser abgerissen werden. Die Antwort der
Bürger waren „Versammlungen, Unterschriftensammlungen und flammen-
de Protestreden".

Damals war es eine Neuheit, dass sich Bürger in Sachen Stadtplanung
zu Wort meldeten. „Wer sollte denn daran zweifeln, dass die Verwaltung
nicht unfehlbar ist", erinnert sich heute Karl Klühspies. Er, der sowohl In-
genieurswesen als auch Architektur in München studiert hatte, war einer
davon. Zusammen mit einer Reihe von Architekten und engagierten Bürgern kritisierte der damals 35-Jährige die Stadtplanung des Rathauses. Al-
lenthalben gründeten sich Bürgerinitiativen, die für den Erhalt der gewach-
senen Stadtviertel und gegen den Abriss alter Bausubstanz eintraten.

Der Architekt und Verkehrsplaner Karl Klühspies 2012.

Es gab in dieser Hinsicht viel zu tun, beziehungsweise zu verhindern. Klühspies zeigt auf den Verkehrswegeplan von 1963. Eine der Trassen für die geplanten Schnellstraßen führte am westlichen Isarufer entlang, die sogenannte „Isarparallele". „Dort sollte mehrspurig ausgebaut werden, jeweils mit Untertunnelung der Brücken", erinnert sich der Architekt. Die Folge wäre die Abholzung des Baumbestandes und eine teilweise Überbauung der Isar gewesen. Wer heute die Allee am Isarufer entlang schlendert, weiß, was für ein Verlust an urbanem Raum das bedeutet hätte.

Andere Verkehrspläne waren nicht minder brachial. München sollte durch kreuzungsfreie Stadtautobahnen über den Dächern durchfahrbar werden, die Stuttgarter Autobahn quasi am Sendlinger Tor enden. „Es erweist sich als notwendig, das Netz der Hauptstraßen zu überlagern durch ein Kreuz von Stadtschnellstraßen, die unmittelbar an die vier Autobahnen angebunden sind", so der Gesamtverkehrsplan von 1963. Andere geplante Maßnahmen waren die Überbauung der Stadtbäche, die Abholzung von Bäumen und die Abschaffung der Trambahn. Die autogerechte Stadt war vor allem für den motorisierten Bürger gedacht.

Dass diese aus heutiger Sicht radikalen Pläne nicht realisiert wurden, hat sehr viel mit den Bürgerprotesten und deren Unterstützung durch die

Presse zu tun. Und mit der Einsicht des damaligen Oberbürgermeisters
Hans-Jochen Vogel, dass gegen den Willen der Bürger derartige Projekte
unsinnig sind. „Vogel war mutig genug zu sagen, ich nehme keinen Plan
mehr an, ohne die Bürger zu fragen", erinnert sich Architekt Klühspies. In
den 1970er Jahren revidierte der Stadtrat schließlich die Pläne von 1963.

Zentrum des Widerstands gegen „München auf der Überholspur" war
das *Münchner Bauforum*, in dem sich Kritiker der Stadtplanung zusam-
menfanden und das heute noch als Verein existiert. Oberbürgermeister Vogel wiederum richtete das „Münchner Forum für Entwicklungsfragen" ein,
in dem die Stadt München, die Verbände der Architekten und Ingenieure,
die Münchner TU und Universität, der DGB sowie die Industrie- und Han-
delskammer als auch die Handwerkskammer und andere vertreten sind.
Das Münchner Forum ist ein Diskussionsforum, in dem Bürger Stadtplanung und -entwicklung kritisch begleiten. Die Rettung der Schwabinger
„Seidl-Villa" vor dem Abriss etwa geht auf die Arbeit des Münchner Fo-
rums zurück.

Im zehnköpfigen Vereinsvorstand sitzt auch Karl Klühspies. „Nein",
sagt er, „einfach war die Zeit damals nicht." Die Kritiker der Stadtplanung taten sich schwer, als Architekten in München überleben zu können.
Klühspies arbeitete viel außerhalb der Landeshauptstadt, später auch in
den USA. Mittlerweile hat die Stadt ihn mit der Goldmedaille „München
leuchtet" geehrt. Heute arbeitet er daran, die Dokumente und Materialien
aus jener Zeit zu sammeln und zu sichten, als München beinahe unter die
Räder gekommen wäre.

Das Hasenbergl als Beispiel für den Städtebau der 1960er Jahre

In Starnberg, vor den Toren Münchens gelegen, wohnen mit die meisten
Millionäre in Deutschland. Auch die weißblaue Landeshauptstadt ist dafür
bekannt, dass sich hier Prominente und Reiche im Wohlstandsbiotop wohl
fühlen. Doch irgendwo zwischen all den „Stadtresidenzen" und den schi-
cken „Lofts" müssen auch diejenigen wohnen, die Hemden bügeln, Stra-
ßenbahnen lenken und die Vorstandsetagen saugen. Die wohnen zum Beispiel im Münchner Stadtviertel „Hasenbergl", auch bekannt als „sozialer
Brennpunkt". Am 25. Mai 1960 fand die Grundsteinlegung für die neue
Großsiedlung im Münchner Norden, weit draußen am Stadtrand, statt. Das
Hasenbergl war eine der Neubausiedlungen, mit denen man in den 1960er

Jahren der Wohnungsnot in den zerbombten Innenstädten begegnen wollte. 96 Prozent der Wohnungen waren als Sozialwohnungen entstanden und das Hasenbergl stand bald als Synonym für ein soziales Ghetto.

Wenn Sofie K. aus dem Fenster sieht, blickt sie auf die Stirnseite von vier Wohnblocks. Dazwischen viel grüner Rasen und hohe Pappeln, unter denen die Kinder Fußball spielen. Seit mehr als 40 Jahren wohnt die 83-jährige Münchnerin nun hier in der Reschreiterstraße am Hasenbergl im Münchner Norden, mittlerweile fällt ihr das Gehen schwer und nur ein oder zwei Mal in der Woche verlässt sie das Haus. Dann ärgert sie sich, wie der Hauseingang aussieht: etwas heruntergekommen.

Früher, als sie noch gut zu Fuß war, ging sie die paar Hundert Meter bis zum Einkaufszentrum an der Blodigstraße. Zum Einkaufen im Supermarkt, der ganz früher einmal COOP hieß, zur Stadtsparkasse, um die Rente abzuheben und zur Post, um Briefmarken zu kaufen. Die Post ist vor einigen Jahren abgebrannt und das Unternehmen machte keine Anstalten, dort wieder eine Filiale zu eröffnen. Die Sparkasse ist in das nagelneue Einkaufszentrum „MIRA" an der Schleißheimer Straße umgezogen.

„Eines der Probleme des Hasenbergl sind die veröden Einkaufszentren", sagte 2010 dann auch Reinhard Bauer, Stadtteilhistoriker, SPD-Stadtrat und seit mehr als 30 Jahren Mitglied im örtlichen Bezirksausschuss. Denn: „Die Verkaufsflächen sind für heutige Betreiber zu klein, die Kaufkraft der Viertel-Bewohner zu gering." Deshalb meiden die Einzelhandelsketten diese Einkaufszentren aus den 1960er Jahren, als das Hasenbergl entstand.

Ortswechsel, Mittwoch Nachmittag vor der Kirche „Mariae Sieben Schmerzen". Vor einem Transporter steht eine Menschen-Schlange und wartet auf die Ausgabe von Lebensmitteln. Der Andrang an der „Tafel" am Hasenbergl ist groß – der Verein verteilt wie in anderen Städten auch kostenlose Lebensmittel an Bedürftige, gegen einen Berechtigungsschein gibt es Milch, Gemüse, Brot. Hierher kommt die 42-jährige alleinerziehende Mutter mit vier Kindern, der nicht genug Geld für Lebensmittel bleibt; hierher kommt der 62-jährige Hartz IV-Empfänger, dem das Warten nichts ausmacht, weil er das von der DDR her kennt; hierher kommt die 66-jährige Rentnerin, deren Rente nicht ausreicht. Hier im Norden des Viertels wohnen viele Arbeitslose und Hartz-IV-Empfänger. Und auch viele Ausländer, ihr Anteil an der Bevölkerung beträgt mehr als 50 Prozent.

Die Pfarrei der Sieben Schmerzen liegt in unmittelbarer Nähe des ehemaligen „Frauenholzes", ein Barackenlager für Flakhelferinnen während des Zweiten Weltkrieges. Nach 1945 wurden dort von den Amerikanern

Sozialwohnungsbau der 1960er Jahre am Münchner Hasenbergl.

die sogenannten „displaced persons", von den Deutschen verschleppte Zwangsarbeiter aus Russland, einquartiert. In den 1950er Jahren eröffnete die Stadt München dann ein Obdachlosen-Lager für die Ausgebombten. 5000 Personen lebten in diesen Baracken am Waldesrand fern von der Stadtgrenze, die Polizei hatte gut zu tun und der Ruf des „Frauenholzes" war denkbar schlecht. Dieser Ruf aber übertrug sich, als in den 1960er Jahren auf der angrenzenden Heide am „Hasenbergl" ein Neubaugebiet aus dem Boden gestampft wurde. Das war die Zeit, als Sofie K. mit ihrer Familie in das Viertel kam. Die Sechs-Personen-Familie zog vom Arbeiterviertel Giesing und aus der beengten Zwei-Zimmer-Altbauwohnung hinaus an den Stadtrand in eine Vier-Zimmer-Wohnung mit Bad und Zentralheizung – für 1964 ein enormer Komfort.

Dann ist Sofie K. mit dem Viertel zusammen alt geworden. Ihre Kinder zogen weg und das taten auch die Bewohner aus den ersten Jahren. Die Mieten waren billig und wer konnte, sparte in den Jahren des Wirtschaftswunders auf ein eigenes Häuschen. Seit den 1980er Jahren rückten vor allem ausländische Mitbürger nach. Wo früher die Buben noch Lederhosen trugen, spielen heute Mädchen, die Kopftücher tragen. Und Sofie K. ist mittlerweile im Haus die einzige Mieterin, die schon seit den Anfangsjahren hier lebt. Die Bäume vor dem Fenster sind inzwischen mächtig gewachsen und die sozialen Probleme gibt es noch immer. Als sie noch gehen konnte und ihre Rente von der Stadtsparkasse abholte, wurde sie beim Aufschließen der Haustüre mitten am Tage überfallen und ausgeraubt. „Ich dachte, der wohnt im Haus, sonst wäre ich vorsichtiger gewesen", erinnert sie sich immer noch mit Schrecken. Und auch wenn sie heute nicht mehr so mobil ist, ist sie noch hellwach, was die Umgebung anbelangt. Sie weiß von dem Pärchen nebenan, das in der Zweizimmerwohnung ihre Hunde den ganzen Tag alleine ließ, bis deren Bellen die Nachbarn alarmierte. Und von der alleinerziehenden Mutter im zweiten Stock, deren drei Kinder schon einige Male von der Polizei und dem Jugendamt abgeholt wurden.

Wenn man von Problemen am Hasenbergl spricht, dann muss man auch von diesen Kindern und von den Schulen sprechen, meint Stadtrat Bauer. Eine völlig unzureichende Infrastruktur für die rund 50.000 Einwohner am Hasenbergl, das zeichnete lange Jahre das Viertel aus. Es fehlten Kneipen, Kinos, Schwimmbäder – und auch weiterführende Schulen. Für die Arbeiterkinder der 1960er Jahre genügten die Grund- und Hauptschulen, meinten seinerzeit die Planer. Daran hat sich nicht sehr viel Grundsätzliches geändert, nur dass heute in den Klassen die meisten Kinder nicht richtig oder gar nicht Deutsch sprechen können.

Essen für Bedürftige: Die „Tafel" am Hasenbergl.

Das ist das Hasenbergl mit seinen Problemen. „Aber", so sagt Reinhard Bauer, „es gibt auch sehr viel Positives hier, der schlechte Ruf ist nicht gerechtfertigt." Und er spricht von den Ganztagesklassen, die den Kindern mit ausländischem Hintergrund weiterhelfen sollen. Oder von der Initiative *Lichtblick*, die sich um Kinder und Jugendliche kümmert, mit Mittagessen, Hausaufgabennachhilfe und beim Berufstart. „Hier ist alles grün, die Verkehrsanbindung durch die U-Bahn jetzt ideal und auch die Mieten sind noch relativ günstig", zieht der Lokalpolitiker eine positive Bilanz. Freilich gibt es auch noch immer andere Stimmen. Von den Anwohnern der „Hasenberl-Straße" etwa, die im Bezirksausschuss eine Namensänderung für ihre Straße forderten, des schlechten Rufes wegen. Diese Straße liegt noch vor dem eigentlichen Hasenbergl und ist rechts und links bebaut mit Einfamilienhäusern.

Erinnerungsorte

1945 / 1992 AFN. *Denkmal für den amerikanischen Soldatensender AFN an der ehemaligen McGraw-Kaserne in Sendling. Der Münchner Sender nahm am 10. Juli 1945 zunächst als fahrbarer Militärsender seinen Betrieb auf, später begann er aus der Kaulbachstraße 45 mit 100 KW Leistung zu senden.*

In der Kaulbachvilla (Kaulbachstraße 15) ging am 8. Juni 1945 der AFN über den Sender in Ismaning auf Sendung, später dann über den neuen Sendemast an der McGraw-Kaserne.

1959 wurde das amerikanische Generalkonsulat an der Königinstraße 5 fertigge-stellt, es hat heute den Status eines Kulturdenkmals. Im Laufe der Jahre wurde das Gebäude zunehmend von Sicherheitseinrichtungen umhüllt.

1945/2013 *Das 2013 auf dem Gelände des Freistaates errichtete Denkmal am Mar-*
stallplatz für „Münchner Trümmerfrauen", die es nach Kritikern so gar nicht gab.

1945 / 2013 *Im Durchgang zum Hof des Münchner Rathauses brachte die Stadt*
1992 eine Erinnerung an die US-Streitkräfte an, die München am 30. April von den
Nazis befreit hatten.

Ein Spaziergang auf den Spuren der 1960er Jahre

Beginnen wir diesen Spaziergang bei dem Rest der Berliner Mauer direkt neben dem amerikanischen Generalkonsulat an der Königinstraße 5. Es war Anlaufstelle für die vielen ausreisewilligen Flüchtlinge und „displaced persons", die sich im München der Nachkriegszeit aufhielten, aus dem oberen Stockwerk wurde *Voice of America* gesendet und der US-Geheimdienst hatte seine Dienststübchen. Im Laufe der Jahre wurde die moderne und leichte Architektur des Architekten Sep Ruf immer mehr durch Sicherheitsbauten wie Zäune und Fahrzeugsperren eingehüllt.

Der Spaziergang führt links über die Schönfeldstraße in die Kaulbachstraße. Dort findet sich unter der Hausnummer 15 die Kaulbach-Villa, die während des Nationalsozialismus als Sitz des Gauleiters diente und nach der Befreiung von dem amerikanischen Soldatensender AFN genutzt wurde, der später in die Nummer 45 umzog. Durch die Kaulbachstraße geht es hinunter durch das Schwabing der 1960er Jahre bis zur Martiusstraße. Die führt linker Hand zur Leopoldstraße, wo es im Juni 1962 zu den „Schwabinger Krawallen" kam. Die Leopoldstraße hinunter bis zur Münchner Freiheit geht es weiter durch das damalige Bohème- und Künstlerviertel. An der Münchner Freiheit rechts weiter über die Feilitzschstraße zum Englischen Garten und durch diesen quer in südlicher Richtung hindurch, vorbei am Chinesischen Turm mit seinem Biergarten bis zur Oettingenstraße. Dort waren früher die beiden US-Sender *Radio Liberty* und *Radio Free Europe* untergebracht, heute befindet sich in den Räumen das Kommunikationswissenschaftliche Institut der LMU. Entlang des Eisbaches gelangt man erneut den Englischen Garten querend wieder zum US-Konsulat.

Anmerkungen

1 Schöning, Kurt: Kleine bayerische Geschichte. München 1977, S. 301.
2 Smith, Bradley: Heinrich Himmler 1900–1926. München 1979, S. 35 f.
3 Vgl. ebd., S. 30.
4 Ebd., S. 47.
5 Ebd., S. 15.
6 Schöning, Kleine bayerische Geschichte, S. 308.
7 http://www.kurt-eisner-kulturstiftung.de.
8 Zu von der Heydte siehe Kapitel 4.
9 SZ vom 28.3.2012.
10 Twardowski, Christian: Weiblichkeit unter der Gewalt des bayerischen Sowjets. Hamburg 2011, S. 483.
11 Zitiert nach ebd., S. 357.
12 Ebd., S. 411 f.
13 Ebd., S. 327.
14 Ebd., S. 481.
15 Zitiert nach Mües-Baron, Klaus: Heinrich Himmler – Aufstieg des Reichsführers SS (1900–1933). Göttingen 2011, S. 95.
16 Vgl. ebd., S. 97.
17 Vgl. dazu die Recherchen des Heimatforschers Grund, Dietrich: Am Anfang ein Arbeiter-, Bauern- und Bürgerrat am Ende ein Massengrab. Die Revolution 1918/19 in Gräfelfing. 2010. http://www.dietrich-grund.de/RevolutionGraefelfing.pdf (16.8.2012).
18 Hitzer, Friedrich: Der Mord im Hofbräuhaus. Frankfurt/Main 1981, S. 215.
19 Ebd., S. 242.
20 Vgl. Gumbel, E. J.: Vier Jahre politischer Mord. Berlin 1922, S. 41.
21 Ebd., S. 42.
22 Vgl. Karl, Michaela: Die Münchner Räterepublik. Düsseldorf 2008, S. 254.
23 Ebd., S. 128.
24 Thoss, Bruno: Der Ludendorff-Kreis 1919–1923. München 1978, S. 90.
25 Vgl. Guttmann, Thomas (Hrsg.): Unter den Dächern von Giesing. Politik und Alltag 1918–1945. 1993, S. 11.
26 Wehler, Hans-Ulrich: Das Deutsche Kaiserreich 1871–1918. Göttingen 1977, S. 227.
27 Vgl. Hitzer, Der Mord im Hofbräuhaus, S. 469 f.
28 Wehler, Das Deutsche Kaiserreich 1871–1918, S. 226.
29 Viesel, Hansjörg: Literaten an der Wand. Die Münchner Räterepublik und die Schriftsteller. Frankfurt am Main 1980, S. 16.
30 Vgl. ebd.
31 Werner, Paul [Paul Frölich]: Die Bayerische Räte-Republik. Tatsachen und Kritik. Leipzig 1920, S. 19 und S. 21.
32 Ebd., S. 19.

33 Vgl. Guttmann (Hrsg.), Unter den Dächern von Giesing. Politik und Alltag 1918–1945, S. 10.

34 Die Darstellung folgt Large, David Clay: Hitlers München. München 1998, S. 227 ff.

35 Gritschneder, Otto: Der Hitler-Prozeß und sein Richter Georg Neithardt. München 2001, S. 43.

36 Zitiert nach ebd., S. 38.

37 Ebd., S. 40.

38 Smith, Heinrich Himmler 1900–1926, S. 186.

39 Large, Hitlers München, S. 274 ff.

40 Jansen, Christian: Emil Julius Gumbel. Portrait eines Zivilisten. Heidelberg 1991, S. 9.

41 Gumbel, Vier Jahre politischer Mord, S. 6.

42 Vgl. Thoss, Der Ludendorff-Kreis 1919–1923, S. 185.

43 Brot und Steine. In: Der Spiegel, Nr. 17 /1971, S. 70.

44 Leisner, Walter: Monarchisches Hausrecht in demokratischer Gleichheitsordnung. Der Wittelsbacher Ausgleichsfonds in Bayern. Erlangen 1968.

45 Aretin, Cajetan Freiherr von: Die Erbschaft des Königs Otto von Bayern. Höfische Politik und Wittelsbacher Vermögensrechte 1916 bis 1923. München 2006, S. 306.

46 Georg Lohmeier im Gespräch mit Dietmar Gaiser, BR-Sendung vom 21.1.2000, 20.15 Uhr.

47 Karanikas, Dimitrios: Das bayerische Zigeuner- und Arbeitsscheuengesetz vom 16. Juli 1926. Leipzig 1931, S. 95.

48 Vgl. Stumberger, Rudolf: Hartz IV. Wien 2011, S. 83.

49 Staatsarchiv München, Justizvollzugsanstalten 11566.

50 Vgl. Roth, Thomas: Von den „Antisozialen" zu den „Asozialen". Ideologie und Struktur kriminalpolizeilicher „Verbrechensbekämpfung" im Nationalsozialismus. In: Sedlaczek, Dietmar u.a.: „minderwertig" und „asozial". Stationen der Verfolgung gesellschaftlicher Außenseiter. Zürich 2005, S. 65-88, hier S. 67.

51 Vgl. Himmler, Katrin: Die Brüder Himmler. Frankfurt am Main 2005, S. 121.

52 Large, Hitlers München, S. 286.

53 Ebd., S. 299 f.

54 Vgl. etwa Mües-Baron, Klaus: Heinrich Himmler – Aufstieg des Reichsführers SS (1900–1933). Göttingen 2011, S. 463.

55 Vgl. Brunner, Claudia: „Bettler, Schwindler, Psychopathen". Die „Asozialen"-Politik des Münchner Wohlfahrtsamtes in den frühen Jahren der NS-Zeit (1933–1936). München 1993, S. 27.

56 Vgl. Stumberger, Hartz IV, S. 110 ff.

57 http://annaberg.blogsport.de.

58 Vgl. Large, Hitlers München, S. 234.

59 Longerich, Peter: Heinrich Himmler. München 2008, S. 165.

60 Donath, Matthias: Architektur in München 1933–1945. Berlin 2007, S. 74.

61 Longerich, Heinrich Himmler, S. 395.

62 Ayaß, Wolfgang: „Asoziale" im Nationalsozialismus. In: Sedlaczek, Dietmar u.a.: „minderwertig" und „asozial". Stationen der Verfolgung gesellschaftlicher Außenseiter. Zürich 2005, S. 51-64, hier S. 54.

63 Landeshauptstadt München: KulturGeschichtsPfad Obergiesing-Fasangarten. München 2010, S. 60.

64 Vgl. Guttmann (Hrsg.), Unter den Dächern von Giesing. Politik und Alltag 1918–1945, S. 116 f.

65 Vgl. ebd., S. 123 f.

66 Vgl. Forschungsstelle für Zeitgeschichte in Hamburg: Der Dienstkalender Heinrich Himmlers 1941/42. Hamburg 1999, S. 555.

67 Vgl. ebd., S. 552.

68 Vgl. ebd., S. 559.

69 Bundesarchiv Bestand Reichsjustizministerium Akte R 3001 / 24062.

70 Wachsmann, Nikolaus: Gefangen unter Hitler. Justizterror und Strafvollzug im NS-Staat. München 2006, S. 336.

71 Zitiert nach Wachsmann, ebd.

72 O.V.: 100 Jahre – JVA Aichach. Interne Festschrift der JVA Aichach, 2009, S. 100.

73 Lingens, Ella: Gefangene der Angst. Ein Leben im Zeichen des Widerstandes. Wien 2003, S. 125.

74 Ebd., S. 134.

75 Ebd., S. 150.

76 Wachsmann, Gefangen unter Hitler, S. 388.

77 Ebd., S. 392.

78 O.V.: 100 Jahre – JVA Aichach, S. 84.

79 Lingens, Gefangene der Angst, S. 219.

80 Wachsmann, Gefangen unter Hitler, S. 128.

81 Brunner, Claudia / Seltmann, Uwe von: Schwiegen die Täter, reden die Enkel. Frankfurt/Main 2004.

82 Wikipedia.

83 Pfoertner, Helga: Mahnmale, Gedenkstätten, Erinnerungsorte für die Opfer des Nationalsozialismus in München 1933-1945. Band 2. München 2003, S. 86.

84 Ebd., S. 163.

85 http://protest-muenchen.sub-bavaria.de/artikel/1445 (24.10.2012).

86 Kroll, Gerhard: Das Manifest der Abendländischen Aktion. München 1951, S. 7.

87 Grundner, Fritz: Schellingstraße 5. Schicksale eines Münchner Bürgerhauses und seiner Bewohner. 1856-1986. Herausgegeben vom Bürgerkreis Maxvorstadt e.V., München 1986, zitiert nach: http://www.muenchen.info/ba/03/ba_info/Erinnerung/Muenchen_im_Dritten_reich/Truemmerzeit.pdf (10.2.2014).

88 http://www.welt.de/print/die_welt/kultur/article124727133/Die-tiefsten-Abgruende-der-Seele.html (11.2.2014).

89 Vgl. Himmler, Die Brüder Himmler, S. 264.

90 Zeitschrift „Tendenzen", München, Nr. 147, Juli 1984, S. 59 ff.

91 Vgl. Lichtblau, Eric: In Cold War, U.S. Spy Agencies Used 1,000 Nazis. In: New York Times vom 27. Oktober 2014. (http://www.nytimes.com/2014/ 10/27/us/in-cold-war-us-spy-agencies-used-1000-nazis.html?_r=2, abgerufen 27.10.2014).

92 Schröder, Joachim: Die Münchner Polizei und der Nationalsozialismus. Essen 2013, S. 172.

93 Ebd., S. 189.

94 Pfeiffer, Zara S. (Hrsg.): Auf den Barrikaden. Proteste in München seit 1945. München 2011, S. 31 ff.

95 Ebd., S. 37.

96 Der Ausschuss beschäftigte sich 2013 mit den Ermittlungen bayerischer Behörden zu den Morden des „Nationalsozialistischen Untergrundes" (NSU) – siehe dazu Band 2.

97 Meinl, S. / Schröder, J.: „Einstellung zum demokratischen Staat: Bedenkenfrei". Zur Frühgeschichte des Bayerischen Landesamtes für Verfassungsschutz (1949–1965).

98 Ebd., S. 24.

99 von der Heydte, Friedrich: Muss ich sterben, will ich fallen... Berg am See 1987, S. 42. In einem Lebenslauf von 1935 schreibt von der Heydte: „... bin ich 1933 der S.A. wieder beigetreten und habe während meiner Beschäftigung 1933/34 dort Dienst gemacht." (Steveling, Liselotte: Juristen in Münster. Münster 1999 S. 428)

100 Weyerer, Benedikt: München 1950–1975. Geschichtswerkstatt Neuhausen 2003, S. 165.

101 Foschepoth, Josef: Rolle und Bedeutung der KPD im deutsch-deutschen Systemkonflikt. In: Zeitschrift für Geschichtswissenschaft, 56 Jg., 2008, Heft 11, S. 989-909.

102 SZ vom 2. Juni 1956, zitiert nach Weyerer, München 1950–1975, S. 207.

103 Bubke, Hermann: Der Einsatz des Stasi- und KGB-Spions Otto Freitag im München der Nachkriegszeit. Hamburg 2004.

104 Ebd., S. 40.

105 Ebd., S. 62.

106 Ebd., S. 67.

107 Ebd., S. 91.

108 Vgl. Hirsch, Kurt: Rechts von der Union. München 1989, S. 192.

109 Weyerer, München 1950–1975, S. 79.

110 Ebd., S. 26.

111 Meining, Stefan: Eine Moschee in Deutschland. München 2011, S. 47.

112 Ebd., S. 169.

113 Foschepoth, Josef: Überwachtes Deutschland. Post- und Telefonüberwachung in der alten Bundesrepublik. Göttingen 2012.

114   Heynowski, Walter / Scheumann, Gerhard: Der lachende Mann. Bekenntnisse eines Mörders. Berlin 1966, S. 7.

115   Poss, Ingrid u.a.: Das Prinzip Neugier. DEFA-Dokumentarfilmer erzählen. Potsdam 2011, S. 74.

116   Ebd.

117   Der Film ist auf youtube zu sehen: https://www.youtube.com/watch?v= CGAUW1ZF2xI (29.7.2014).

118   Diese Fotoamateurbewegung berief sich auf die Tradition der Arbeiterfotografen in der Weimarer Zeit.

119   Vgl. Pfeiffer, Auf den Barrikaden.

120   Ebd., S. 61.

121   Weyerer, München 1950–1975, S. 265.

122   Pfeiffer, Auf den Barrikaden, S. 76.

123   Vgl. ebd., S. 79.

124   Vgl. ebd., S. 98 ff.

125   Schlumberger, Hella: Türkenstraße. Vorstadt und Hinterhof. München 2003, S. 417.

126   Vgl. Kunzelmann, Dieter: Leisten Sie keinen Widerstand! Bilder aus meinem Leben. Berlin 1998, S. 19 f.

127   Ebd., S. 20.

Die Zeitschrift *Geschichte quer* veröffentlicht Ergebnisse unabhängiger, lokaler Geschichtsforschung. Thematisiert werden Ereignisse und Entwicklungen, die von der akademischen oder offiziösen Geschichtsschreibung oft übersehen werden: Schicksale von Oppositionellen und gesellschaftlichen Randgruppen, Alltags- und Sozialgeschichte der „kleinen Leute".

Geschichte quer 15
Arbeit macht das Leben süß? – Frauenarbeit zwischen Beruf und Berufung (2010)

Geschichte quer 14
Jüdische Geschichte in Bayern – Zwischen Integration und Ausgrenzung (2009)

Geschichte quer 13
„Seid einig – einig – einig" – Vereine – Verbände – Initiativen – Netzwerke (2006)

Geschichte quer 12
Zwischen Krieg und Frieden – Von der Kriegshetze zum Krieg und vom langen Weg zum Frieden (2004)

Geschichte quer 11
Wenn das Feigenblatt fällt – Metamorphosen der Sexualität (2003)

Geschichte quer 10
Kavaliersdelikt und Kapitalverbrechen – Von kleinen Gaunern, großen Verbrechern und ehrenwerten Herren" (2002)

Geschichte quer 9
Schöne neue Heimat? – Von Einwanderern, Auswanderern und Abenteurern – Von Flüchtlingen,Vertriebenen und Deportierten (2001)

Geschichte quer 8
Zwischen Erinnerung und Vergessen — Vom öffentlichen Umgang mit der Vergangenheit (2000)

Geschichte quer 7
Vom Bundschuh zum Turnschuh — Revolution und soziale Umbrüche (1999)

Geschichte quer 6
„Weibsbilder!" (1998)

Mehr unter: www.geschichte-quer.de

Alibri Verlag, Postfach 100 361, 63703 Aschaffenburg
Fon (06021) 581 734, www.alibri.de